Beiträge zur Geldlehre

herausgegeben von Rudolf Schilcher

Lieferantenkredit und Geldpolitik

von
Vincenz Timmermann

Walter de Gruyter · Berlin · New York 1971

Satz und Druck: Courier Druckhaus Ingolstadt, Ingolstadt –
Printed in Germany.

ISBN 3 11 003559 6

*Für Renate,
Andreas und Beate*

Vorwort

In der vorliegenden Studie wird versucht, den Lieferantenkredit, der in Deutschland bisher ausschließlich aus betriebswirtschaftlicher Sicht behandelt worden ist, unter makroökonomischen Aspekten zu untersuchen.

Dabei steht im Vordergrund die Frage, welche konjunkturpolitische Bedeutung dem Lieferantenkredit in der Bundesrepublik Deutschland zukommt und ob in den verschiedenen konjunkturellen Phasen zwischen 1950 und 1967 systematische Beziehungen zwischen den Veränderungen der Lieferantenkredite und der offiziellen Geldpolitik nachgewiesen werden können. Es geht insbesondere darum zu prüfen, ob die westdeutschen Unternehmen durch eine aktive Kreditpolitik die offizielle Geldpolitik gestört haben oder ob sie in ihrem Kreditverhalten der offiziellen Geldpolitik gefolgt sind.

Das verfügbare statistische Material erlaubt eine solche Untersuchung bisher nur für die westdeutschen Aktiengesellschaften; und auch für diesen begrenzten Bereich sind die statistischen Angaben über die gewährten und die empfangenen Lieferantenkredite in vieler Hinsicht so unvollkommen, daß die empirischen Ergebnisse unserer Schätzungen nur mit Bedenken vorgelegt und nur mit der allergrößten Vorsicht interpretiert werden können.

Oskar Morgenstern hat seinem Buch „Über die Genauigkeit wirtschaftlicher Beobachtungen“ das Wort „Qui numerare incipit errare incipit“ vorangestellt. Richtig ist, daß auch die von statistischen Ämtern publizierten Daten viel weniger genau sind, als allgemein geglaubt wird.

Daß hier Schätzergebnisse vorgelegt werden, die unter Verwendung von Statistiken erzielt wurden, die teilweise unbefriedigend sind, bedarf einer Erklärung: Der Verfasser hat zur Rechtfertigung nur seine Überzeugung vorzubringen, daß auch schwache Tests mit Hilfe unvollkommener, aber nicht durch bewußte Lügen entstellter Statistiken besser sind als keine, wenn man bei der Deutung der Ergebnisse entsprechende Vorsicht walten läßt.

Diese Auffassung scheint Morgenstern übrigens trotz seiner großen Skepsis gegenüber empirischen Arbeiten zu teilen. Er schreibt: „Wir sehen uns gezwungen, einen Mittelweg zwischen scheinbarer, jedoch ungerechtfertigter Genauigkeit auf der einen Seite und der Verschwommenheit rein verbaler Argumentation über im wesentlichen zahlenmäßige Erscheinungen auf der anderen Seite zu finden. Würden wir die mathematische Formulierung unserer Gedanken aufgeben, so würde dies den Rückfall auf eine niedrigere Stufe des Denkens bedeuten, und die Ergebnisse wären zweifellos nicht besser. Ließen wir die statistischen Erwägungen außer acht (doch wie könnten wir dies tun?), so müßten wir völlig im dunkeln tappen.“

Der hier vorgelegte Versuch kann immerhin eine gewisse Vorstellung von der gesamtwirtschaftlichen und speziell der geldpolitischen Bedeutung der Aufnahme und der Vergabe von Lieferantenkrediten der westdeutschen Aktiengesellschaften vermitteln.

Und dieser Versuch wird – so hofft der Verfasser – vielleicht eine weitere Anregung dafür sein, die Wirtschaftsstatistik in der BRD endlich zu erweitern: Wir brauchen mehr Informationen über das Kreditverhalten der westdeutschen Unternehmen!

In besonderer Weise danke ich meinem verehrten Lehrer, Herrn Professor Dr. Heinz König, für vielfältige Unterstützung, für zahlreiche wertvolle Anregungen und kritische Hinweise. Ich danke dem Freund und langjährigen Kollegen, Professor Dr. Rainer Thoss, für ungezählte, immer interessante und anregende Gespräche. Dank gebührt den Herren Professoren Dr. Werner Ehrlicher, Dr. Fritz Philipp, Dr. Rudolf Schilcher und Dr. Gerhard Zeitel für die kritische Durchsicht des Manuskripts. Für wertvolle Hinweise danke ich auch den Teilnehmern der Sitzung des Theoretischen Ausschusses des Vereins für Socialpolitik im September 1969 in Nagold, wo ich einige vorläufige Ergebnisse vortragen konnte. Dank schulde ich weiter Herrn Diplom-Volkswirt Herbert Hansen und seinen Mitarbeitern im Statistischen Bundesamt Wiesbaden für ihre Hilfe bei der Beschaffung des statistischen Materials, für die Informationen über die Art der Erhebung und Aufbereitung der benutzten Bilanzstatistiken, über den Geltungsbereich und die zeitliche Vergleichbarkeit der Reihen und für ihren Rat in Zweifelsfällen. Schließlich danke ich Herrn cand. rer. pol. Joachim Staude, der mir bei der Aufbereitung des statistischen Materials und der Auswertung der Schätzergebnisse behilflich war, sowie Frau Angelika Jacob und Frau Margret Greif, die mit großer Sorgfalt das Manuskript schrieben.

Mannheim, im Mai 1971 *Vincenz Timmermann*

Inhaltsübersicht

1. Einführung

1.1. Problem, theoretischer Standort

Geldpolitik darf nicht nur Bankpolitik sein. Daß diese Auffassung heute überwiegend vertreten wird, verdanken wir den geldtheoretischen Arbeiten von John G. Gurley und Edward S. Shaw[1].

Die Verfügbarkeit von Finanzierungsmitteln jeder Art wird neben dem Zinssatz zum entscheidenden Ansatzpunkt der Geldpolitik. Aus der Analyse aller Kanäle, durch die Finanzierungsmittel in den Kreislauf gelangen, resultiert die zunehmende Beachtung der sekundären, d. h. der nicht zahlungsmittelschöpfenden, Finanzierungsinstitute.

Über den Lieferantenkredit[2] wird auch die nichtmonetäre Unternehmung zu einem intermediären Finanzierungsinstitut und damit zu einem Element des volkswirtschaftlichen Geldsystems, das mehr und mehr in das allgemeine geldpolitische Interesse rückt. Hier ist der theoretische Standort des Lieferantenkredits.

Die *wachstumspolitische* Bedeutung der intermediären Finanzierungsinstitute liegt in der Mobilisierung ungenutzter Finanzierungsmittel und/oder deren Vermittlung und Weiterleitung in — wenigstens als Möglichkeit — ökonomisch effiziente Verwendungen. Die größere Vielfalt im Angebot an Schuldtiteln und die Spezialisierung in den Finanzierungsgeschäften führen tendenziell zu vermehrter Ersparnis und Investition. Für die BRD wurde dieser Aspekt in einer kürzlich

[1] Um diesen Bedeutungswandel zu demonstrieren, plädieren *Gurley* und *Shaw* dafür, auch die Begriffe neu zu fassen. Anstelle der Begriffe „Geldtheorie", „Geldpolitik", „Geldkontrolle", „Geldsystem" sollten die Begriffe „Kredittheorie", „Kreditpolitik", „Kreditkontrolle", „Kreditsystem" stehen. In der vorliegenden Arbeit wird an den alten, eingeführten Begriffen festgehalten, der Begriff „Geld" aber den Vorstellungen von Gurley und Shaw entsprechend weiter gefaßt, wenn keine ausdrückliche Einschränkung erfolgt. Unter „Geld" wird in der deutschen geldtheoretischen Literatur – in enger Anlehnung an das lateinische „pecunia" – seit langem gleichzeitig das gesetzliche „Zahlungsmittel", für das auch die Bezeichnung „Geld im engeren Sinne" zu finden ist, und das liquide Wertobjekt, der liquide Vermögensteil verstanden. Auf die Arbeiten von Gurley und Shaw gehen wir weiter unten näher ein.

[2] In der Literatur finden sich neben der hier verwendeten Bezeichnung „Lieferantenkredit" die Begriffe „Firmenkredit", „Buchkredit", „Geschäftskredit", „Handelskredit" als Synonyma. Die beiden letzten dürften aus der wörtlichen Übersetzung der englischen Begriffe „mercantile credit" und „trade credit" entstanden sein; sie sind nach dem deutschen Sprachgebrauch jedoch bereits zur Kennzeichnung einer bestimmten Art der Kreditverwendung vergeben. Der Begriff „Buchkredit" kennzeichnet im allgemeinen nur eine bestimmte organisatorische und rechtliche Kreditform. Auf die Verwendung des Begriffs „Firmenkredit", der dem Verf. in sachlicher Hinsicht ebenso treffend erscheint, wird aus sprachlichen Gründen verzichtet; die Anregung dazu gab Prof. Dr. Wolfgang Stützel.

veröffentlichten Monographie von G. Jäger herausgestellt[3]. Der Lieferantenkredit wird dort jedoch nicht behandelt.

Die *geldpolitische* Bedeutung der intermediären Finanzierungsinstitute ist umstritten. Es wird im allgemeinen davon ausgegangen, daß ihre Aktivitäten die Wirksamkeit der offiziellen Geldpolitik zumindest potentiell einschränken; in mehreren Untersuchungen, auf die weiter unten eingegangen wird, ist eine solche Störung deutlich nachgewiesen worden. Andere Autoren glauben dagegen, die störende Wirkung dieser Institute werde stark überschätzt. Vielmehr sei es gerade ihrem weitreichenden Einfluß zuzuschreiben, daß die offizielle Geldpolitik auch in solchen Bereichen „ankomme", die sonst von den Maßnahmen der Zentralbank nur wenig oder gar nicht betroffen wären. Für die BRD liegen inzwischen zwei empirische Studien zu dieser Frage vor, in denen der Verfasser zeigt, daß in der Periode von 1950 bis 1967 die Banken, die Lebensversicherungen und die Teilzahlungskreditinstitute den geldpolitischen Maßnahmen der Zentralbank tendenziell entgegengewirkt haben[4]. Der Lieferantenkredit blieb bisher unbeachtet.

Die vorliegende Arbeit geht eine deutliche Lücke in unserem Wissen um geldpolitische Zusammenhänge an. Denn wir wissen praktisch nichts über die gesamtwirtschaftlichen Wirkungen des Lieferantenkredits und über seine speziellen Beziehungen zur Geldpolitik. Das bestätigen die spärlichen Äußerungen, die sich zu dieser Frage in der deutschen geldtheoretischen und geldpolitischen Literatur finden. H. Rittershausen schreibt: „Innerhalb der Kreditentstehung durch Warenverkauf ist in Wissenschaft und Öffentlichkeit besonders der Teilzahlungskredit bekannt geworden. Etwas unlogisch mißt man allein dieser Form von Krediten bei Verkäufen aus Lägern einen kreditpolitisch-inflationären Effekt bei. ... Man muß sich aber darüber klar sein, daß der statistisch noch nirgends untersuchte und erfaßte Posten ‚Zielverkäufe' sehr groß ist."[5]

E. Dürr beruft sich bei seiner Vermutung, der Lieferantenkredit werde die Geldpolitik stören, auf eine, wie noch zu zeigen ist, bezüglich ihrer Ergebnisse heftig umstrittene Untersuchung von F. P. R. Brechling und R. G. Lipsey für die englische Wirtschaft; er hält die Diskussion für weiter offen[6].

Dabei handelt es sich — wie noch gezeigt wird — beim Lieferantenkredit nicht etwa um einen unbedeutenden Kredittyp. Das Wirtschaftsleben ist ohne ihn nicht denkbar; er übertrifft in seinem Volumen sicher den kurz- und mittelfristigen Bankkredit.

[3] *G. Jäger* [78].
[4] *V. Timmermann* [169, S. 684 ff.; 170, S. 254 ff.].
[5] *H. Rittershausen* [135, S. 17 f.].
[6] *E. Dürr* [36, S. 45 u. S. 323 f.].

1.2. Begriff und Bedeutung des Lieferantenkredits

Der Lieferantenkredit ist ein formell kurzfristiger, materiell häufig mittelfristiger, zeitlich fest determinierter oder offener, urkundlich gesicherter oder nicht gesicherter Kredit eines Unternehmens an ein anderes.

Er entsteht im allgemeinen beim Kauf von Gütern und Diensten; der Verkäufer verlangt keine unmittelbare Zahlung, sondern räumt dem Käufer ein Zahlungsziel ein. Ist das Zahlungsziel bindend festgelegt, so spricht man von einem festen, ist es nicht festgelegt, von einem offenen Lieferantenkredit. Ein Wechselkredit ist der urkundlich gesicherte, ein Buchkredit der nicht gesicherte, auf dem Vertrauen der Partner beruhende Lieferantenkredit. Je nach dem Standpunkt wird zwischen aktivem oder gewährtem und passivem oder empfangenem Lieferantenkredit unterschieden.

Die allgemeine Definition des Lieferantenkredits wird vor allem aus statistischen, aber auch aus ökonomisch-theoretischen Gründen für die Zwecke der vorliegenden Untersuchung in einem Punkt erweitert und in drei Punkten eingeschränkt. Die hier verwendeten statistischen Angaben über die gewährten Lieferantenkredite enthalten für die Unternehmen der Endstufe der Produktion auch Kredite an private und öffentliche Haushalte. Es gibt keine Möglichkeit, die Höhe dieser Kredite an Haushalte auch nur einigermaßen exakt zu bestimmen und von den Krediten an Unternehmen zu trennen.

Wir können andererseits drei Kredittypen, die — gemessen an der weitesten Definition — in den Lieferantenkrediten enthalten sind, nicht mit hinreichender Genauigkeit erfassen: die aktiven und passiven Wechselkredite, die auch als Abnehmerkredite bezeichneten Vorauszahlungen und die Kredite zwischen verbundenen Unternehmen.

In der vorliegenden Untersuchung werden demzufolge unter Lieferantenkrediten urkundlich nicht gesicherte, vor allem auf dem Vertrauen der Handelspartner beruhende, aus Warengeschäften resultierende Buchkredite von Unternehmen an andere, nicht konzernmäßig verbundene Unternehmen und auf den konsumnahen Produktionsstufen an private und öffentliche Haushalte verstanden.

Die Nichtberücksichtigung der Wechselkredite, der Vorauszahlungen und der Konzernkredite — so bedeutend diese Gruppe insgesamt auch sein mag — ist nur auf den ersten Blick ein echter Nachteil. Für die theoretische Argumentation und für die empirische Überprüfung der daraus gewonnenen Hypothesen sollte sich die größere Homogenität[7] der hier behandelten Gruppe der Lieferantenkredite als vorteilhaft erweisen.

[7] Die Unterschiede zwischen den Wechselkrediten, den Vorauszahlungen und den Konzernkrediten einerseits und den Buchkrediten andererseits liegen hauptsächlich im Liquiditätsgrad, in der Sicherstellung des Kreditgebers und in den Kosten. Die Kreditbeziehungen zwischen verbundenen Unternehmen sind außerdem auch darum völlig anders zu beurteilen, weil ihnen oft keine Käufe und Verkäufe im Marktsinne zugrunde liegen.

Der Lieferantenkredit ist für den Verkäufer ein effizientes, aber mit hohem Risiko verbundenes absatzpolitisches Instrument. Preissenkungen würden bei unvollkommener Konkurrenz, insbesondere auf oligopolistischen Märkten, Gegenmaßnahmen der Konkurrenten hervorrufen. Änderungen der Kreditbedingungen aber sind nach außen kaum wahrnehmbar. Das hohe Risiko liegt in der geringen Sicherstellung des Kreditgebers. Zum Ausgleich des Risikos kann der Kreditgeber praktisch keine Risikoprämie verlangen; er gewährt entweder Lieferantenkredit zu den branchenüblichen Bedingungen oder er liefert nicht. In der Leichtigkeit und Unmerklichkeit der Einräumung liegt eine weitere Gefahr des Lieferantenkredits für den Verkäufer, der die Bindung von Finanzierungsmitteln nicht ausreichend überwacht.

Für den Kreditnehmer bedeutet die Festsetzung eines günstigeren Zahlungszeitpunktes den größten Vorteil des Lieferantenkredits. Weitere Vorteile für den Käufer sind, abgesehen von dem Fall, daß wegen fehlender Sicherheiten andere Finanzierungsquellen gar nicht verfügbar sind, in der Bequemlichkeit der Kreditaufnahme zu sehen. Aber auch für den Käufer kann gerade diese Bequemlichkeit eine Gefahr bedeuten, wenn er im Lieferantenkredit mehr als eine nur begrenzt und vorübergehend verfügbare Hilfe sieht. Eine weitere Gefahr bildet die zunehmende Abhängigkeit vom Kreditgeber, die in der Regel die Freiheit zum Kauf und Verkauf zum günstigsten Preis einschränkt.

Ein erheblicher Nachteil des Lieferantenkredits sind die im Vergleich zu anderen Krediten hohen, aber verdeckten effektiven Kosten. Diese Kosten ergeben sich aus den entgangenen Skontoerträgen und aus den höheren Preisen für die auf Kredit gekauften Güter, wenn der Verkäufer auch seine opportunity-Kosten, d. h. die durch die Kapitalbindung entgangenen Erträge, kalkuliert. Lauten die Zahlungsbedingungen etwa „2 % Skonto innerhalb von 10 Tagen, innerhalb von 30 Tagen netto Kasse“, so bedeutet die Nichtausnutzung des Skontos, daß der Käufer für einen Lieferantenkredit von 30 Tagen einen Zins von 2 % „zahlt“, was einem Jahreszins von 24 % entspricht. Dieser Zinssatz ist im Vergleich zu den Kosten anderer Kredite sehr hoch. Allerdings entstehen so hohe Lieferantenkreditkosten nur für die Kreditnehmer, die die Zielperiode genau einhalten. Berücksichtigt man, daß viele Kreditnehmer das Zahlungsziel überschreiten, ohne daß sie dafür Verzugszinsen entrichten müssen, so ergibt sich ein anderes Bild. Überzieht der Kreditnehmer bei den obigen Zahlungsbedingungen um 30 Tage, so „zahlt“ er für die 60 Tage Lieferantenkredit noch 12 % p. a.; überzieht er gar um 60 Tage, so „zahlt“ er nur noch 8 % p. a. für den Lieferantenkredit von 90 Tagen[8]. Die Kreditkosten sind immer noch relativ hoch, aber es wird nun doch verständlicher, daß in so erheblichem Maße vom Lieferantenkredit Gebrauch gemacht wird.

Bei der Darstellung der zahlenmäßigen Bedeutung des Lieferantenkredits

[8] Bei Abzug der Skontoperiode betragen die jährlichen Zinssätze in dem obigen Beispiel für den Lieferantenkredit von 20, 50 bzw. 80 Tagen 36, 14,4 bzw. 9 %.

sind wir auf die Angaben in publizierten Bilanzen angewiesen; damit können wichtige Bereiche der Wirtschaft, wie das Handwerk und der Einzelhandel, deren Kreditgeschäfte überwiegend mit Lieferantenkredit abgewickelt werden, gar nicht erfaßt werden.

Aber auch ein auf die westdeutschen Aktiengesellschaften beschränkter zahlenmäßiger Vergleich zwischen dem Lieferantenkredit in der oben dargelegten Abgrenzung – also ohne Wechselkredite, Vorauszahlungen und Kredite zwischen Konzernunternehmen – und dem kurzfristigen Bankkredit gibt bereits ein eindrucksvolles Bild von der relativen Bedeutung des Lieferantenkredits; berücksichtigt man, daß der kurzfristige Bankkredit bei den Aktiengesellschaften im Vergleich etwa zu den Einzelunternehmen des Handwerks und des Einzelhandels wahrscheinlich eine besonders große Rolle spielt, so kann dieser Vergleich auch eine gewisse Vorstellung von der allgemeinen Bedeutung des Lieferantenkredits vermitteln.

Bei dem folgenden Vergleich sollten zwei Probleme bedacht werden: Erstens könnten in den Bilanzen als Folge des „window-dressing" die Bankkredite etwas niedriger und die gewährten Lieferantenkredite etwas höher angegeben sein als dem tatsächlichen Jahresdurchschnitt entspricht. Zweitens darf der Vergleich der Volumina nicht dazu verleiten, allein aus diesen Zahlen auf die gesamtwirtschaftliche Bedeutung der beiden Kredittypen zu schließen. Selbstverständlich ist die größere Umlaufsgeschwindigkeit und die größere Verwendungsbreite der Bankkredite zu berücksichtigen. J. S. Prais schätzt für England, daß im Durchschnitt jede Geldeinheit eines kurzfristigen Bankkredits höchstens zwei bis drei Wochen gehalten wird, jede Geldeinheit eines Lieferantenkredits aber zwei bis drei Monate[9].

Das entspricht einer jährlichen Umlaufsgeschwindigkeit von 20 für Bankkredite und von vier bis fünf für Lieferantenkredite. Zumindest das Verhältnis der Umlaufsgeschwindigkeiten beider Kreditformen könnte in Deutschland ähnlich sein. *Tabelle 1* zeigt die Bedeutung des Lieferantenkredits im Vergleich zum Bankkredit und die Unterschiede für die verschiedenen Wirtschaftszweige. Die Tabelle enthält in den Spalten 2, 5 und 8 auch einen Indikator für die Entwicklung von 1950 bis 1966.

Der Vergleich fällt von wenigen Ausnahmen abgesehen für alle Wirtschaftsbereiche deutlich zugunsten des Lieferantenkredits aus. Und selbst unter Berücksichtigung der geringeren Umlaufsgeschwindigkeit ist die gesamtwirtschaftliche und speziell die geldpolitische Bedeutung des Lieferantenkredits zu erkennen.

Zur Verdeutlichung der Größenordnungen sei angefügt, daß die Angaben der Tabelle 1 aus den Bilanzen von 1826 Aktiengesellschaften zusammengestellt sind.

Das Volumen der hier erfaßten kurzfristigen Bankkredite in Höhe von 7,3 Mrd. DM entspricht einem Anteil von 10 v. H. am Gesamtvolumen der kurzfristigen Kredite aller Bankengruppen an Nichtbanken zum Ende des Jahres 1966.

[9] *S. J. Prais* [130, S. 524 f.].

Tabelle 1: Lieferantenkredite und kurzfristige Bankkredite der westdeutschen Aktiengesellschaften, 1966

	Gewährte Lieferantenkredite			Empfangene Lieferantenkredite			Kurzfristige Bankkredite		
	a	b	c	a	b	c	a	b	c
Wirtschaftsgruppen	(1)	(2)	(3)	(4)	(5)	(6)	(7)	(8)	(9)
Bergbau	1,21	597	7,2	0,60	971	3,6	0,34	338	2,1
Energiewirtschaft	1,49	493	3,3	0,97	573	2,2	0,24	644	0,5
Verarbeitendes Gewerbe	14,31	651	11,5	7,72	683	6,2	6,16	682	5,0
Chemische Industrie	4,43	1325	13,0	2,01	1341	5,9	1,52	1769	4,5
Steine, Erden, Zement	0,27	431	10,9	0,17	531	6,8	0,14	984	5,6
Zementindustrie	0,04	152	3,4	0,07	405	6,6	0,02	1483	1,7
Feinkeramik und Glas	0,15	455	13,5	0,07	501	6,2	0,03	524	2,6
Eisen- und Stahlerzeugung	1,65	460	5,7	1,19	547	4,1	0,51	2607	1,8
NE-Metalle	0,55	692	17,6	0,53	1494	17,0	0,10	294	3,4
Stahl- und Leichtmetallbau	0,25	498	18,8	0,08	369	5,7	0,03	318	1,9
Maschinenbau	2,08	748	19,2	0,79	532	7,3	0,80	584	7,4
Fahrzeugbau	0,85	1565	6,3	1,19	1752	8,9	1,11	5544	8,3
Elektrotechnik	2,30	708	16,5	0,53	484	3,8	0,66	411	4,7
Feinmechanik und Optik	0,07	317	15,2	0,02	334	4,7	0,03	300	6,2
EBM-Waren, Spielwaren	0,17	248	16,5	0,10	283	9,3	0,04	192	4,1
Papiererzeugung und -verarbeitung	0,15	259	7,9	0,13	468	7,1	0,04	75	2,2
Ledererzeugung und -verarbeitung	0,08	182	15,5	0,03	269	6,5	0,05	171	10,9
Textil und Bekleidung	0,44	147	12,6	0,21	153	5,9	0,42	208	10,9
Brauerei und Mälzerei	0,21	377	8,5	0,13	389	5,5	0,04	85	1,5
Nahrung und Genuß	0,25	228	8,9	0,32	346	11,4	0,33	546	11,8
Baugewerbe	1,06	948	46,8	0,32	1167	14,2	0,07	337	3,2
Großhandel	1,13	435	28,3	0,74	287	18,5	0,24	438	6,0
Einzelhandel	0,03	166	1,2	0,15	931	5,5	0,05	441	1,8
Alle Gesellschaften (ohne Kredit- und Versicherungsgewerbe)	20,02	613	9,5	10,97	595	5,2	7,26	606	3,4

Zur Erklärung: a: Mrd. DM, b: 1950 = 100, c: in v. H. der Bilanzsumme.

Quellen: Statistisches Bundesamt Wiesbaden (Hrsg.), Statistik der Bundesrepublik Deutschland, Band 104, Die Abschlüsse der Aktiengesellschaften für die Geschäftsjahre 1950 und 1951, Stuttgart 1954, S. 34 ff. und C 2/1, Abschlüsse der Aktiengesellschaften, Geschäftsjahr 1966, Stuttgart 1968, S. 22 ff.

Würde ein ähnliches Verhältnis auch für den Lieferantenkredit gelten, so käme man auf ein Gesamtvolumen von 100 bis 200 Mrd. DM, je nachdem ob man der Schätzung den empfangenen oder den gewährten Kredit der hier erfaßten Unternehmen zugrunde legt. Der Anteil der Aktiengesellschaften am kurzfristigen Bankkredit von 10 v. H. ist wahrscheinlich überdurchschnittlich hoch; ihr Anteil am empfangenen Lieferantenkredit liegt wahrscheinlich unter dem Durchschnitt, ihr Anteil am gewährten darüber, so daß ein mittlerer Wert von 150 Mrd. DM eine grobe Annäherung für die Gesamthöhe des Lieferantenkredits in der Bundesrepublik Deutschland im Jahre 1966 sein könnte.

Jede Schätzung des gesamten Lieferantenkredits bleibt jedoch zum gegenwärtigen Zeitpunkt wegen der fehlenden Informationen über die Höhe der Lieferantenkredite der Nicht-Aktiengesellschaften reine Spekulation, so auch diese sehr grobe Schätzung.

1.3. Gang der Untersuchung

Es soll im folgenden zunächst ein Überblick über die bisherige Behandlung des Lieferantenkredits in der volkswirtschaftlichen Literatur gegeben werden.

Dann werden die für die Behandlung der Beziehungen zwischen dem Lieferantenkredit und der Geldpolitik besonders wichtigen Fragen erörtert, ob der Lieferantenkredit neue Liquidität schafft oder nur die vorhandene überträgt und welche wachstums- und konjunkturpolitischen Konsequenzen sich aus der unternehmerischen Kreditpolitik ergeben.

Schließlich soll in einer empirischen Untersuchung für die Bundesrepublik Deutschland geklärt werden, ob die geldpolitischen Maßnahmen der Deutschen Bundesbank durch den Lieferantenkredit im oben definierten Sinne gestört wurden, weil die nicht-monetären Unternehmen eine aktive, von der Zentralbank unabhängige Kreditpolitik betrieben haben, oder ob die offizielle Geldpolitik vielleicht durch eine gleichgerichtete unternehmerische Kreditpolitik eher unterstützt worden ist.

Da Unternehmen verschiedener Branchen und verschiedener Größen wahrscheinlich unterschiedlich agiert haben, werden wir unsere Frage erst nach einer entsprechend detaillierten empirischen Untersuchung beantworten können.

2. Theoretische Grundlagen

2.1. Überblick über die bisherige Behandlung des Lieferantenkredits in der volkswirtschaftlichen Literatur

2.1.1. Die Bedeutung des Lieferantenkredits für Preisniveau und Beschäftigung

Erste Bemerkungen über die gesamtwirtschaftliche Bedeutung des Lieferantenkredits finden sich bereits 1802 bei Henry Thornton, einem englischen Nationalökonomen, der nach Auffassung von J. A. Schumpeter in wichtigen Punkten die Entwicklung der geldtheoretischen Analyse eines ganzen Jahrhunderts vorweggenommen hat[10]. Und sicher hat es aus heutiger Sicht den Fortschritt der Analyse gehemmt, daß man auf dem Gebiet der Geldtheorie der kraftvolleren Persönlichkeit Ricardos gefolgt ist und nicht die von Thornton gewiesene Richtung eingeschlagen hat[11].

F. A. v. Hayek, der 1939 eine Neuauflage des Buches von Thornton besorgte, stellt in seiner Einleitung bedauernd fest, der große Ruhm Ricardos habe die Verdienste Thorntons überschattet[12].

Die Funktion des Lieferantenkredits liegt nach Ansicht Thorntons in der Übertragung von Kaufkraft vor allem auf kleinere, selbst weniger liquide Unternehmen. Die Voraussetzung sei ein allgemeines Vertrauen in der Geschäftswelt; sonst werde man die Formalitäten und Kosten einer verbrieften, rechtlich gesicherten und bezüglich des Rückzahlungstermins festgelegten Schuld auf sich nehmen[13]. Die Bedeutung des Lieferantenkredits sieht Thornton darin, daß er wie jeder Kredit Bargeld, d. h. für Thornton Gold und Banknoten, spart[14].

Diese Gedanken nimmt J. St. Mill auf, in dessen Arbeiten im allgemeinen

[10] *J. A. Schumpeter* [151, S. 841 f.].

[11] Nach dem Urteil Schumpeters übertrafen Thorntons Beiträge alle anderen seiner Zeit an Erkenntnisweite und analytischer Kraft. Drei Beiträge sind für die Geldtheorie von außerordentlicher Bedeutung, die viel später, z. T. erst in den 20er und 30er Jahren unseres Jahrhunderts, von Fisher, Keynes und Wicksell „neu" gefunden wurden: Die Behandlung der Umlaufsgeschwindigkeit des Geldes als variable, konjunkturabhängige Größe; die Einführung des Zinses in die Theorie des Geldumlaufs und die Offenlegung der Beziehungen zwischen Geldmenge, Preis und Zins; das Erkennen des Zusammenhanges zwischen Diskontsatzänderungen und internationalen Kapitalbewegungen. Die theoretischen Grundlagen dieser Erkenntnisse sind die Lehre von der Zinsspanne [der „Wicksellsche" Prozeß], die Theorie der Liquiditätspräferenz und die Theorie der Kaufkraftparitäten, die in Thorntons Buch „An Enquiry into the Nature and Effects of the Paper Credit of Great Britain", London 1802, 2. Aufl. [ed. by F. A. v. Hayek], New York 1939, vollständig dargelegt sind.

[12] *F. A. v. Hayek*, op. cit., S. 36.

[13] *H. Thornton*, op. cit., S. 78 ff.

[14] ibd., S. 101 f.

Ricardos Einfluß vorherrscht. Im dritten Buch seiner „Principles of Political Economy", das die geldtheoretischen Ausführungen enthält und dessen Abschnitte für die besten Teile des Millschen Werkes überhaupt gehalten werden, behandelt er die Wirkungen des Lieferantenkredits auf das allgemeine Preisniveau. Nach Mill bedeutet jeder neue Lieferantenkredit zusätzliche Kaufkraft, die voll eingesetzt wird und somit tendenziell die Preise erhöht; die direkten Preiseffekte des Lieferantenkredits sind für Mill größer als die der Geldmenge, weil Teile der letzteren durch Horten nicht zu effektiver Nachfrage werden[15].

Die Preise können vorübergehend sehr stark steigen, ohne daß die umlaufende Zahlungsmittelmenge zugenommen hat, einfach durch eine Zunahme der Lieferantenkredite[16].

Diese Auffassung Mills teilt T. Tooke, wie J. St. Mill ein Gegner der quantitätstheoretischen Auffassung der currency-Schule[17]. Für Mill und Tooke sind spekulationsbedingte Zunahmen der effektiven Nachfrage die wichtigsten Ursachen für das Entstehen von Konjunkturen. Welche Rolle der Lieferantenkredit für das Zustandekommen solcher Nachfragesteigerungen gespielt hat, zeigen einige Beispiele, die Tooke in einem seiner Werke anführt[18]. Danach hatten Londoner Tee- und Getreidehändler Warenkäufe getätigt, die den hundertfachen Betrag ihres eigenen Kapitals ausmachten. Erst als ein Preissturz und die daraus resultierenden Verluste ihren Geschäften ein Ende bereiteten, erfuhr man, daß die Käufe durch einfachen Buchkredit finanziert waren. Und Tooke fügt ausdrücklich hinzu, daß diese Spekulationskäufe in den Restriktionsjahren 1839 und 1840 erfolgten, also in einer Zeit besonders knappen Geldes.

Etwas später veröffentlicht in Deutschland der Geldtheoretiker Karl Knies seine bekannten Bücher „Das Geld" (Berlin 1873) und „Der Credit" (Berlin 1876). Knies steht noch ganz im Banne Ricardos und weist alle Thesen Mills zurück, die sich von der strengen quantitätstheoretischen Linie entfernen. Für Knies kann der Kredit selbst die Kaufkraft nicht erhöhen; die „wirkliche Kaufkraft" wird erst später in der kredittilgenden Geldsumme übertragen[19]. Knies bleibt bei der engen, metallistischen Geldauffassung. „Geld ist ... das Gut, welches als Maßstab des Tauschwerthes gebraucht wird. Der Begriff des Geldes ist nicht der Begriff einer Function, sondern der Begriff eines zu besonderen Functionen berufenen wirtschaftlichen Gutes."[20] Knies sucht auch im Geld selbst immer das wirtschaftliche Gut. „Jedes Geldquantum ist ein materielles Gut, ... welches in allen Gebrauchsweisen verwendet werden kann. ... Weder der Geldgeber noch irgendwer sonst ist uns nach Empfang des Geldes etwas schuldig."[21]

[15] *J. St. Mill* [116, S. 530].
[16] ibd., S. 541.
[17] *T. Tooke* [174, S. 125 f.].
[18] *T. Tooke* [175, S. 136 ff.].
[19] Der Credit, S. 243.
[20] Das Geld, S. 163.
[21] ibd., S. 172 f.

Geld ist also keine Forderung gegen jemanden, sondern selbst das Gut, dessen Wert es angibt.

Mit dieser Auffassung bleibt Knies aus heutiger Sicht weit zurück hinter den Erkenntnissen seiner Zeit, wie sie etwa von J. St. Mill und H. D. Macleod[22] vertreten werden. Das ist bedauerlich, weil so Knies selbst und – was bedeutender ist – auch der geldtheoretischen Forschung in Deutschland, die sich noch lange auf seine Werke berufen wird, der Zugang zu den Problemen des Lieferantenkredits verschlossen bleibt.

I. Fisher fügt den Lieferantenkredit in sein Konzept von der variablen Umlaufsgeschwindigkeit des Geldes ein. Eine Zunahme des Lieferantenkredits erhöht die Umlaufsgeschwindigkeit, da die Möglichkeit des Zielkaufs Geld spart; wegen der Unsicherheit, wann und zu welchem Preis gekauft wird, bleibe ohne Lieferantenkredit im Durchschnitt der Periode mehr Geld ungenutzt[23]. Der Lieferantenkredit erhöht zwar wie bei Mill und Tooke tendenziell die Preise, die Wirkung erfolgt aber – entsprechend der Fisherschen Quantitätstheorie – nicht direkt, sondern indirekt über die Zunahme der Umlaufsgeschwindigkeit des Geldes[24].

Die erste systematische und im Ansatz auch vollständige Darstellung des Lieferantenkredits findet sich bei F. Lavington, wie Keynes, Pigou und Robertson ein Schüler A. Marshalls. Hier werden zum erstenmal neben den konjunkturellen auch die wachstumspolitischen Aspekte dieser besonderen Kreditform erkannt. Konjunkturpolitisch verdient der Lieferantenkredit besondere Beachtung wegen seines Einflusses auf die Gesamtnachfrage. Die Veränderungen der Lieferantenkredite bedeuten Änderungen in der Kaufkraft und führen Fluktuationen in der Beschäftigung und/oder in den Preisen herbei[25]. Die wachstumspolitische Bedeutung des Lieferantenkredits liegt für Lavington im „Transport der investierbaren Fonds" an Unternehmen, die ohne Lieferantenkredit in schwierigen Übergangszeiten scheitern müßten. Lavington sieht auch bereits die daraus möglicherweise resultierenden geldpolitischen Probleme. Er schreibt, daß die Veränderungen der Kaufkraft durch den Lieferantenkredit unabhängig sind von jeder Kontrolle der geldpolitischen Autorität und nur auf dem Vertrauen der Partner basieren[26].

In der deutschsprachigen wirtschaftswissenschaftlichen Literatur hat man bis heute die wachstums- und konjunkturpolitischen Probleme des Lieferantenkredits kaum behandelt.

Im Jahre 1936 stellt G. Bringmann in seiner Wiener Dissertation die Frage, welche Rolle der Lieferantenkredit aus betriebswirtschaftlicher Sicht spielt[27]. Der Lieferantenkredit wird hier allein als absatzpolitisches Instrument gesehen.

[22] *H. D. MacLeod* [107; 108].
[23] *I. Fisher* [47, S. 81].
[24] ibd., S. 370 f.
[25] *F. Lavington* [99, S. 263].
[26] ibd., S. 39.
[27] *G. Bringmann* [17, S. 6].

Eine Arbeit von A. Kruse aus dem Jahre 1941 über den Mittelstandskredit enthält eine interessante Bemerkung über die gesamtwirtschaftliche Bedeutung des Lieferantenkredits. Kruse glaubt, in den Jahren 1927–1932 Schwankungen des Lieferantenkredits feststellen zu können, die größer sind als die Schwankungen in den Umsätzen. Eine Interpretation dieses Phänomens findet der Leser jedoch nicht. Die volkswirtschaftliche Aufgabe des Lieferantenkredits sieht Kruse darin, „beim Mittelstand an die Stelle zu treten, die in anderen Wirtschaftszweigen der Bankkredit einnimmt.“[28]

In zwei jüngeren betriebswirtschaftlichen Abhandlungen beschränkt sich H. H. Jonas bei der Darstellung des Lieferantenkredits auf einzelwirtschaftliche Probleme der Finanzierung[29].

Nach Fertigstellung der vorliegenden Studie erhielt der Verfasser das Buch von K. Engelen „Der Handels- und Lieferantenkredit in den USA“[30]. Engelen macht am Beispiel der USA einige gesamtwirtschaftliche Aspekte des Lieferantenkredits deutlich, ohne sie jedoch näher zu analysieren; er betont vor allem die Dringlichkeit der gesamtwirtschaftlichen Erfassung und Analyse der Lieferantenkredite.

2.1.2. Die geldpolitische Bedeutung des Lieferantenkredits

Die Diskussion über die geldpolitische Bedeutung des Lieferantenkredits entstand gegen Ende der 50er Jahre vor allem in der angelsächsischen geldtheoretischen Literatur, nachdem eine Reihe von statistischen Erhebungen erste empirische Studien zuließen.

Im Zusammenhang mit den Fragen der Finanzierung kleiner und mittlerer Unternehmen wird die Bedeutung des Lieferantenkredits in England von J. S. Bates und M. Stewart[31] und in den Vereinigten Staaten von V. L. Andrews, S. Friedland und E. Shapiro sowie von R. S. Einzig[32] hervorgehoben. Die „Federal Reserve Bank of Kansas City“ steuert eine allgemeinere Studie zu diesem Sammelband bei, in der gezeigt wird, daß der Lieferantenkredit in Zeiten restriktiver Geldpolitik für die weniger liquiden Firmen eine beachtliche Stütze war[33].

Im Rahmen einer ausführlichen Analyse der Bilanzen englischer Kapitalgesellschaften zeigt R. F. Henderson die erhebliche Bedeutung des Lieferantenkredits. Er unterscheidet zwischen dem „industrial trade credit“, der mit Änderungen des Umsatzes verbunden ist, und dem „financial trade credit“, der als Folge geänderter finanzieller Bedingungen auftritt. Henderson findet zwar kei-

[28] *A. Kruse* [95, S. 65 u. 74].
[29] *H. H. Jonas* [81, S. 35 ff.; 82, S. 195 ff.].
[30] *K. Engelen* [42]. Es wurde versucht, die für unseren Gegenstand interessanten Hinweise von K. Engelen nachträglich zu berücksichtigen.
[31] *J. A. Bates* and *M. Stewart* [9, S. 142 ff.]; *J. A. Bates* [10, S. 160 f.].
[32] „Who Finances Small Business“ und „Credit from Large to Small Business“, in: *Federal Reserve System* [ed.] [46, S. 25 ff. u. S. 482 ff.].
[33] Trade Credit: A Factor in the Rationing of Capital, op. cit., S. 507 ff.

nen signifikanten Unterschied zwischen großen und kleinen Gesellschaften, wohl aber einen Unterschied zwischen langsam und schnell wachsenden[34].

Der für die vorliegende Untersuchung besonders interessante Zusammenhang zwischen dem Lieferantenkredit und der Geldpolitik wird erstmals empirisch in den vorbereitenden Gutachten zum „Radcliffe-Report", dem Bericht einer von Lord Radcliffe geleiteten Kommission zur Beurteilung der geldpolitischen Instrumente in England, untersucht. H. B. Rose glaubt, der Lieferantenkredit erhöhe die finanzielle Elastizität des volkswirtschaftlichen Geldsystems in bezug auf exogene Veränderungen der Geldversorgung; die beobachtete relative Zunahme des Lieferantenkredits in Zeiten einer starken Expansion der Geschäftstätigkeit erklärt er aus der auch durch eine restriktive Geldpolitik nicht eingeschränkten Liquidität und aus den weiterhin hohen Gewinnerwartungen[35].

Einen signifikanten Einfluß der Restriktionspolitik nach September 1957 auf den Lieferantenkredit ihrer Mitglieder – in der Mehrzahl der Fälle dessen erhebliche Zunahme – bezeugen in ihren Gutachten zum Radcliffe-Report die „Association of British Chambers of Commerce"[36], das „Council of Scottish Chambers of Commerce"[37], die „Engineering Industries Association"[38], die „Federation of British Industries"[39], die „National Union of Manufactures"[40] und die „Federation of Wholesale Organisations"[41].

Danach erscheinen also die große Aufmerksamkeit, die der britische Kommissionsbericht dem Lieferantenkredit widmet, und seine nachstehend zitierte Stellungnahme für diese Phase und für England gerechtfertigt. „Trade Credit ... introduces considerable elasticity into the response of business to efforts by the monetary authorities to compress liquidity. In conditions of boom it can be used to finance a continuing expansion, even when bank credit is being contracted, so long as business expectations remain sanguine."[42]

In der Folgezeit haben sich eine Reihe von Studien auf dieses fundierte Urteil des Radcliffe-Reports berufen, ohne immer die besonderen Umstände seines Zustandekommens genügend zu beachten.

Ebenfalls von einer die offizielle Geldpolitik konterkarierenden Wirkung des Lieferantenkredits überzeugt sind A. H. Meltzer und T. Mayer[43]. Nach Meltzers Meinung kommt es in Phasen kontraktiver Geldpolitik zu einer Umverteilung der Liquidität von großen Unternehmen mit besserem Zugang zu den

[34] *R. F. Henderson* [70, S. 93 ff.].
[35] *H. B. Rose* [137, S. 225 ff.].
[36] *Committee on the Working of the Monetary System,* Memoranda of Evidence, Vol. 2 [31, S. 85 f.].
[37] ibd., S. 100.
[38] ibd., S. 111.
[39] ibd., S. 115 und 120.
[40] ibd., S. 138.
[41] ibd., S. 152 f.
[42] *Committee on the Working of the Monetary System,* Report [30, para 300, S. 103].
[43] *A. H. Meltzer* [114, S. 429 ff.; 115, S. 471 ff.]; *T. Mayer* [110, S. 543 ff.].

Kapitalmärkten zu kleineren Unternehmen.[44] Meltzer sieht jedoch in dieser Umlenkung finanzieller Ressourcen keinen Nachteil, sondern einen Vorteil; denn der Lieferantenkredit wirkt nicht nur der Geldpolitik entgegen, sondern zugleich auch der nach seiner Meinung aus der Geldpolitik resultierenden Diskriminierung.

Nun ist die These vom diskriminierenden Effekt der Geldpolitik in dem Sinne, daß mittlere und kleinere Unternehmen von den geldpolitischen Maßnahmen stärker getroffen werden als große, bisher empirisch nicht belegt. Nach den Untersuchungen von G. L. Bach und C. J. Huizenga[45] und von G. J. Benston[46] muß diese Hypothese zumindest für die Vereinigten Staaten verworfen werden. Interessant ist, daß sie gerade dort am eifrigsten vertreten wird.[47] Zwar beobachtet man eine relativ stärkere Zunahme der Kredite an große Unternehmen zu relativ niedrigeren Zinskosten; Bach, Huizenga und Benston erklären aber diese Unterschiede aus der stärkeren Kreditnachfrage großer Unternehmen und aus den höheren Grenzkosten und dem größeren Risiko der Kredite an kleinere und mittlere Unternehmen.

Was trotz aller Kritik an der These Meltzers festzuhalten bleibt, ist die für unseren Gegenstand interessante Auffassung, der Lieferantenkredit nehme in einer Phase knappen Geldes relativ zu, wirke also der Geldpolitik entgegen.

In seiner Analyse der restriktiven Geldpolitik 1960/61 in Australien äußert R. F. Henderson die Vermutung, auch dort habe die starke Zunahme des Lieferantenkredits die restriktiven Maßnahmen erheblich gestört.[48]

In einer nicht veröffentlichten Studie des internationalen Währungsfonds zeigt sich W. H. White skeptisch gegenüber der Bedeutung, die dem Lieferantenkredit im allgemeinen beigemessen wird. Er sieht darin keinen beachtlichen Störfaktor der Geldpolitik[49].

Anscheinend war das auch die Auffassung der Gutachter und Mitglieder der „Commission on Money and Credit", denn in ihrem Bericht über die amerikanische Geld- und Kreditpolitik wird der Lieferantenkredit nicht einmal erwähnt[50].

Eine für die weitere Diskussion besonders wertvolle Studie verdanken wir F. P. R. Brechling und R. G. Lipsey[51]. Die Autoren untersuchen aus den Angaben von 75 Unternehmen in England über einen Zeitraum von 10 Jahren, ob und wie diese Unternehmen mit Änderungen ihrer Lieferantenkredite auf restriktive

[44] Mayer glaubt auch an eine relative Zunahme des Lieferantenkredits in Zeiten knappen Geldes; er teilt jedoch nicht die Auffassung Meltzers, daß dadurch vor allem die kleineren Unternehmen begünstigt werden.
[45] *G. L. Bach* and *C. J. Huizenga* [8, S. 64 ff.].
[46] *G. J. Benston* [11, S. 641 f.].
[47] Als Beispiel: *J. K. Galbraith* [54, S. 130 ff.].
[48] *R. F. Henderson* [73, S. 301 f.].
[49] *W. H. White* [183].
[50] *Commission on Money and Credit* [28].
[51] *F. P. R. Brechling* and *R. G. Lipsey* [15, S. 618 ff.].

geldpolitische Maßnahmen reagiert haben. Sie analysieren dazu nur den Teil der Lieferantenkredite, der nicht aus der Umsatzentwicklung zu erklären ist. Das Ergebnis ihrer Untersuchung ist der Nachweis, daß in Perioden restriktiver Geldpolitik die gewährten und die empfangenen Lieferantenkredite deutlich zunehmen, wobei die gewährten Kredite die empfangenen weit übersteigen.

Die Schlußfolgerung der Autoren „This would indicate that net credit is at least a very strong potential frustrator of monetary policy"[52] wird von A. N. McLeod übernommen. McLeod hält jedoch die Effekte für größer als Brechling und Lipsey, weil er nicht in der Differenz zwischen gewährten und empfangenen Krediten, sondern im Bruttobetrag der gewährten bzw. der empfangenen Lieferantenkredite die ökonomisch entscheidende Variable sieht[53].

In einer neueren empirischen Studie des internationalen Währungsfonds[54] und in einer Entgegnung auf Brechling und Lipsey[55] bleibt W. H. White bei seiner früheren These, der Lieferantenkredit sei ein unbedeutender Störfaktor der Geldpolitik. White hält wie Brechling und Lipsey nur den Nettokredit für ökonomisch relevant, aber er meint, das Ergebnis der Autoren lasse sich nach näherer Betrachtung umkehren: „the induced expansion of trade credit provides a very *weak* offset of tight money"[56]. Sicherlich habe der Lieferantenkredit einen Effekt, aber eben keinen sehr bedeutenden „... trade credit may still appear to be an appreciable offset to restrictive monetary policy, although probably not a major one"[57]. White glaubt, für die USA sei vor allem die Kapazitätsauslastung bestimmend für die Höhe der Lieferantenkredite; zwar wünschten kleinere Unternehmen in einer Phase knappen Geldes u. U. mehr Kredit, die großen aber gewährten relativ weniger, wenn ihre Produktionskapazitäten voll ausgelastet seien. Da die Geldpolitik eng mit der Kapazitätsauslastung verknüpft sei und restriktive Maßnahmen in der Phase der Expansion bei Vollauslastung erfolgten, werde also der Lieferantenkredit die offizielle Geldpolitik eher unterstützen als schwächen[58].

Bisher ist die Hypothese von White empirisch nicht geprüft. Wir werden im weiteren Verlauf dieser Arbeit darauf zurückkommen und später diese Hypothese für die Bundesrepublik Deutschland testen.

P. E. Junk versucht wie White, die These von Brechling und Lipsey für die USA empirisch zu überprüfen. Er zeigt die erhebliche Bedeutung des Lieferantenkredits im Vergleich zum Bankkredit, aber einen signifikanten Einfluß der Geldpolitik kann er nicht nachweisen[59].

[52] ibd., S. 641.
[53] *A. N. McLeod* [113, S. 729 ff.]. Auf den hier angesprochenen Unterschied zwischen Brutto- und Nettokredit gehen wir weiter unten ausführlich ein.
[54] *W. H. White* [184].
[55] idem [185, S. 935 ff.].
[56] ibd., S. 935.
[57] ibd., S. 937.
[58] ibd., S. 945.
[59] *P. E. Junk* [83, S. 274 ff.].

Zu einem ähnlichen Ergebnis wie Junk kommt N. J. Nadiri nach einer neueren empirischen Untersuchung über die Bestimmungsgründe des Lieferantenkredits für den Bereich des verarbeitenden Gewerbes der USA[60].

In einer größeren Abhandlung über die britische Wirtschaft vertritt J. C. R. Dow die Auffassung, eine Reduktion der Bankkredite infolge von Restriktionsmaßnahmen werde auch eine Reduktion der Lieferantenkredite hervorrufen; die Kreditpolitik der Unternehmen werde also die Geldpolitik der Zentralbank nicht, wie die Autoren des Radcliffe-Reports meinen, konterkarieren, sondern unterstützen[61].

Im Expertenbericht zur Geld- und Kreditpolitik in Kanada wird aufgrund entsprechender Umfragen die Auffassung vertreten, daß der Lieferantenkredit in Zeiten knappen Geldes erheblich zugenommen und die offizielle Geldpolitik tendenziell gestört habe[62].

Eine interessante Ergänzung der bisher besprochenen Studien bedeutet die Arbeit von J. B. Coates, der das Kreditverhalten eines einzelnen Unternehmens in Phasen restriktiver und expansiver Geldpolitik analysiert[63]. Seine Ergebnisse bestätigen nicht die These von Brechling und Lipsey. Obwohl das untersuchte Großhandelsunternehmen der Textilbranche nach der Zusammensetzung seiner Kunden – viele kleine Einzelhändler – und nach seiner guten Liquiditätslage eine solche Bestätigung am ehesten erwarten lassen könnte. Coates findet keinen Zusammenhang zwischen den gewährten und empfangenen Lieferantenkrediten und der offiziellen Geldpolitik. Auch in Phasen knappen Geldes hat das betreffende Unternehmen den Anteil seiner Kreditvergabe an den Umsätzen nicht vergrößert; dabei hätte die Liquiditätsposition eine solche aktive Kreditpolitik durchaus zugelassen. In der Kundenkartei findet Coates bestätigt, daß die Restriktionsmaßnahmen die Zahlungsgewohnheiten selbst der kleinen Kunden in keiner Weise beeinflußt haben[64].

In einer neueren Untersuchung überprüft Coates noch einmal die These von Brechling und Lipsey, daß in Zeiten restriktiver Geldpolitik durch eine Zunahme des Lieferantenkredits die Wirksamkeit der Geldpolitik ganz oder teilweise aufgehoben wird[65]. Aus den Bilanzen von 50 britischen Unternehmen unterschiedlicher Größe und verschiedener Branchen läßt sich ein solcher Zusammenhang zwischen Lieferantenkredit und offizieller Geldpolitik nicht nachweisen; obwohl alle untersuchten Gesellschaften trotz der Restriktionen für eine aktive Kreditpolitik ausreichend liquide waren, sind keine Anzeichen für eine systematische Ausweitung des Lieferantenkredits in Zeiten knappen Geldes vorhanden.

[60] *N. I. Nadiri* [121, S. 408 ff.].
[61] *J. C. R. Dow* [35, S. 324].
[62] *Royal Commission on Banking and Finance,* Report [142, S. 429].
[63] *J. B. Coates* [26, S. 205 ff.].
[64] ibd., S. 210 f.
[65] idem [27, S. 116 ff.].

Dieser Überblick über die bisherige Behandlung unseres speziellen Problems der Beziehungen zwischen dem Lieferantenkredit und der Geldpolitik und die sehr divergierenden Auffassungen der verschiedenen Autoren machen deutlich, wie offen die Diskussion um das Problem „Lieferantenkredit und offizielle Geldpolitik" in Wahrheit ist.

Ein entsprechender Versuch für die Bundesrepublik Deutschland kann also ein nützlicher und interessanter Beitrag zu dieser Diskussion sein.

Es folgt zunächst eine Erörterung der für die Beurteilung des Lieferantenkredits und für die weitere Behandlung unseres Themas wichtigen Frage, ob der Lieferantenkredit neue Liquidität schafft oder die vorhandene Liquidität lediglich überträgt und neu verteilt. Dabei wird auch zu klären sein, was wie erwähnt in den bisherigen empirischen Arbeiten eine wichtige Rolle gespielt hat, ob der Brutto- oder der Nettokredit die geldpolitisch entscheidende Variable ist.

Der theoretische Bezugsrahmen ist dabei immer der der *makro*ökonomischen Geldtheorie. Und wenn zur Veranschaulichung bestimmter Zusammenhänge die Verhaltensweisen einzelner Unternehmer herangezogen werden, so ist der Verfasser sich darüber im klaren, daß individuelle Verhaltensweisen nur beschränkt mit kollektiven Reaktionsweisen vergleichbar sind. Auch die später benutzte analytische Hilfskonstruktion des „typischen" oder „repräsentativen" Unternehmers soll dieses Phänomen in keiner Weise verschleiern.

2.2. Lieferantenkredit und Liquidität

2.2.1. Verschiedene Liquiditätskonzepte der neueren Geldtheorie

Die Frage, ob durch den Lieferantenkredit zusätzliche Liquidität geschaffen oder die vorhandene Liquidität lediglich übertragen wird, gehört in einen größeren Rahmen.

Die neuere Geldtheorie diskutiert – stark vereinfacht – in zwei Lager gespalten, ob die geldpolitisch relevante Variable die Geldmenge ist im Sinne von Bargeld und Sichteinlagen – evtl. noch unter Einbeziehung der kurzfristigen Termineinlagen – oder ob ein weiter gefaßtes Geldkonzept, im Extrem: die Liquidität schlechthin, im Mittelpunkt des geldpolitischen Interesses zu stehen hat.

Ausgelöst wurde diese Diskussion in neuerer Zeit durch das Vordringen der sekundären Finanzierungsinstitute im Kreditgeschäft, durch die wachsende geldpolitische Bedeutung der Staatsverschuldung und durch die mit diesen institutionellen Wandlungen einhergehende Zunahme der Umlaufsgeschwindigkeit des Geldes im engeren Sinne. Wenn relativ weniger Zahlungsmittel zur Finanzierung des Bruttosozialprodukts oder der Umsätze erforderlich sind, ohne daß der Zins entsprechend steigt und das Wachstum von der Geldseite her beschränkt wird, müssen in zunehmendem Maße andere Schuldpapiere Geldfunktionen übernommen haben.

Die Vertreter des engen Geldkonzeptes weisen darauf hin, daß nur die Banken Geld schöpfen können und daß die sekundären Finanzierungsinstitute nur dieses von Banken geschöpfte Geld weiter vermitteln können. Dem widersprechen die Vertreter des weiteren Geldkonzeptes nicht; Geld im Sinne von Zahlungsmitteln schöpfen nur die Banken; das ist ihr Vorrecht, darin liegt die Besonderheit der von ihnen ausgegebenen Schuldpapiere. Aber Kredite schöpfen nicht nur die Banken, sondern auch die anderen Finanzierungsinstitute. Kredite aber machen liquide Mittel, Kaufkraft für Ausgaben, verfügbar, und auf die Regulierung dieser Ausgabenströme kommt es für die Geldpolitik an, nicht auf die Regulierung der Zahlungsmittelmenge.

Hier lebt der alte Gegensatz zwischen den Quantitätstheoretikern und ihren Gegnern wieder auf. Und da die Verfechter des engen Geldkonzeptes wie H. Simons, M. Friedman und seine Schüler sehr deutlich der Tradition Ricardos und Fishers folgen und die Vertreter des weiteren Geldkonzeptes wie R. S. Sayers, J. Tobin, J. G. Gurley und E. S. Shaw ebenso deutlich der Tradition Mills, Tookes und Lavingtons, erinnert diese Diskussion lebhaft an die Auseinandersetzungen zwischen der currency- und der banking-Schule[66]. Auch damals hatte man darüber gestritten, ob es genüge, die Geldmenge im engeren Sinne zu kontrollieren, weil — wie die currency-Vertreter meinten — die Geldsubstitute unbedeutend seien oder sich nie weit vom Bargeld entfernen könnten, solange zur Zahlung schließlich doch nur Gold und Banknoten verwendbar seien. Die Vertreter der banking-Schule teilten diese Auffassung nicht, sie erkannten bereits früh, daß es nicht nur um die Zahlungsmittelmenge ging, sondern um die verfügbare Kaufkraft, die liquiden Mittel im allgemeinen; so daß die Kontrolle des Bargeldes allein nicht die Stabilisierung des Preisniveaus garantieren konnte. Tatsächlich haben sich die Sichteinlagen inzwischen so weit vom Bargeld entfernt, daß wir sie heute selbstverständlich zur Geldmenge im engeren Sinne zählen.

Gurley und Shaw haben den Versuch unternommen, die sekundären Finanzierungsinstitute auch theoretisch voll in das Geldsystem einzugliedern. Sie zeigen, daß Banken und sekundäre Institute in bezug auf die makroökonomischen Effekte gleichrangige Elemente des volkswirtschaftlichen Geldsystems sind: Sie

[66] *Henry C. Simons*, neben *Irving Fisher* und *Milton Friedman* ein prominentes Glied der Chicago-Tradition, gehört in dieser Frage allerdings nicht in die Reihe der Quantitätstheoretiker. *Simons* hat die Rolle der Geldsubstitute klar erkannt. Sie erhöhen nach seiner Auffassung die Elastizität des Geldsystems („... we did avoid intolerable money shortage by recourse to a mass of ersatz moneys ...", *H. C. Simons* [155, S. 199]) und erschweren so eine allein auf die Geldmenge i. e. S. gerichtete Geldpolitik („The fixing of the quantity of circulating media might merely serve to increase the perverse variability in the amounts of ‚near-moneys' and in the degree of their general acceptability ...", *H. C. Simons* [156, S. 164]).

alle vermitteln investierbare Fonds, und alle sind daher intermediäre Finanzierungsinstitute. Nicht nur die Banken schöpfen auf eine besondere Weise Kredite, sondern alle Institute schöpfen bestimmte Formen von Schuldpapieren. Die spezielle Aufgabe der Banken liegt darin, Zahlungsmittel bereitzustellen; aber dadurch stehen sie nicht über den anderen Instituten, die ebenfalls spezielle Aufgaben erfüllen. Die Banken hätten ein Monopol, wenn das Geld nur zu Transaktionszwecken unmittelbar verausgabt würde; aber es dient auch der Wertaufbewahrung und als Sicherheitsreserve, und in diesen Funktionen kann es durch die Schuldtitel anderer Institute ersetzt werden. Die Banken schöpfen Geld, das können nur sie, aber alle intermediären Finanzierungsinstitute schöpfen Kredit. Wieviel von dem einen oder anderen Typ „geschöpft" wird, bestimmen nicht die Banken, sondern die Präferenzen der Kreditnachfrager. Investierbare Fonds *schöpft* kein Institut, alle *vermitteln* nur[67].

Diese Thesen weist J. M. Culbertson zurück. Nach seiner Meinung nehmen die Banken auch bezüglich der Kreditschöpfung eine Sonderstellung ein; sie schöpfen ausleihbare Fonds, die sekundären Institute können diese Fonds nur vermitteln[68].

In ihrer Entgegnung legen Gurley und Shaw noch einmal dar, daß eine Unterscheidung zwischen Banken und anderen Finanzierungsinstituten im Hinblick auf die Vermittlung ausleihbarer Fonds zu Investitionszwecken nicht berechtigt sei; daß nur die Banken Zahlungsmittel in Umlauf bringen, sei unbestritten, aber für die gesamtwirtschaftlichen Wirkungen relativ unbedeutend. „Money *is* unique in the sense that no other financial asset is exactly like it. But as much or rather as little, could be said for any financial asset. The important consideration here for monetary, interest, and price-level theory is how the demand for money is affected by demand for and terms of supply of other financial assets."[69]

R. S. Sayers, D. Patinkin, G. Clayton, J. Tobin und T. H. Lee akzeptieren die Thesen von Gurley and Shaw[70]. J. Aschheim, E. Feige und M. Friedman behaupten in der weiteren Diskussion wie Culbertson die Sonderstellung der Banken und halten die Kontrolle der Geldmenge im engeren Sinne für ausreichend, wenn sie nur streng durchgeführt werde[71].

Das meinen auch R. W. Clower und M. L. Burstein, die glauben gezeigt zu haben, daß der Bestand an Wertpapieren fest an die Geldmenge im engeren Sinne gebunden ist und daß die Änderungen des Wertpapierbestandes den Än-

[67] *J. G. Gurley* and *E. S. Shaw* [59, S. 521 f.; 60, S. 259 ff.].
[68] *J. M. Culbertson* [34, S. 120 ff.].
[69] *J. G. Gurley* and *E. S. Shaw* [62, S. 132].
[70] *R. S. Sayers* [146, S. 710 ff.]; *D. Patinkin* [127, S. 97 ff.]; *G. Clayton* [23, S. 875 f.]; *J. Tobin* [172, S. 412 ff.]; *T. H. Lee* [100, S. 445].
[71] *J. Aschheim* [5, S. 67 ff.; 6]; *E. Feige*, The Demand for Liquid Assets; A. Temporal Cross-Section Analysis, Englewood-Cliffs 1964; *M. Friedman* and *A. J. Schwartz* [52]. Zur Fortsetzung dieser Diskussion vgl. *J. M. Guttentag* and *R. Lindsay* [66, S. 991 ff.] sowie *J. Aschheim* [7, S. 353 ff.].

derungen der Geldmenge direkt proportional sind[72]. So wäre eine Zunahme der Geldsubstitute durch die vorhandene Geldmenge begrenzt. Allerdings gehen die Autoren bei der Ableitung dieses Ergebnisses bereits von der Annahme aus, eine Zunahme des Vermögensbestandes führe zu einer Zunahme der Nachfrage nach Kasse. Diese Annahme ist plausibel im Hinblick auf vermehrte Transaktionen; das Ergebnis der Autoren aber wird zweifelhaft, da es allein auf dieser Annahme beruht und da die wahrscheinlichen Substitutionseffekte zwischen liquiden Wertpapieren und Kasse innerhalb des Vermögensbestandes völlig vernachlässigt werden.

J. Tobin und W. C. Brainard führen diese Substitutionseffekte ein und gelangen erwartungsgemäß zu einem völlig anderen Ergebnis. Für sie wird die Substitution zur Grundfrage des Portefeuilleverhaltens. Die Forderungen gegen alle intermediären Finanzierungsinstitute sind für den Vermögensbesitzer unvollkommene Substitute; eine relative Zunahme der Ertragsrate einer bestimmten Forderung führt zu einer entsprechenden Vergrößerung ihres Mengenanteils an den Portefeuilles[73]. Wenn auch die Substitution nicht vollkommen ist, so wird sie im praktisch relevanten Bereich doch dazu führen, daß Veränderungen der Geldmenge und der Geldsubstitute nicht aneinander gebunden sind.

Geht man von der plausibelsten Annahme aus, daß in der Praxis neben dem Transaktionsargument von Clower und Burstein, das eine parallele Entwicklung von Geldmenge i. e. S. und Geldsubstituten impliziert, auch die Substitution zwischen den verschiedenen Anlagetypen, wie sie von Tobin und Brainard eingeführt wird, eine wichtige Rolle spielt, so muß man zu dem Ergebnis kommen, daß die Kontrolle der Geldmenge i. e. S. allein nicht ausreicht. Dabei wird allerdings unterstellt, daß niemand die Kontrolle der Geldmenge so weit treiben will, daß dadurch das Geldsystem völlig funktionsunfähig wird.

Die gegensätzliche Auffassung in der Frage des Geldkonzeptes kommt auch in den wichtigen Kommissionsberichten über das Geldsystem Englands und der Vereinigten Staaten zum Ausdruck. Schon die Bezeichnungen der Kommissionen deuten die Unterschiede an – „Committee on the Working of the Monetary System" (England) und „Commission on Money and Credit" (USA) –, die sich dann in den Berichten selbst sehr klar zeigen.

Der amerikanische Bericht trennt streng zwischen Geld und Kredit. Das Geldkonzept ist eng, der Einfluß M. Friedmans ist deutlich zu erkennen. „Monetary policy is directly concerned with the provision of money" und „Changes in the degree of restraint or ease in monetary policy have an effect on the total flow of expenditure"[74].

Anders dagegen der Radcliffe-Report, an dem R. S. Sayers verantwortlich mitgearbeitet hat. „Though we do not regard the supply of money as an

[72] R. W. *Clower* and M. L. *Burstein* [25, S. 36].
[73] *J. Tobin* and W. C. *Brainard* [173, S. 386].
[74] *Commission on Money and Credit* [28, S. 46].

unimportant quantity, we view it as only part of the wider structure of liquidity in the economy. It is the whole liquidity position that is relevant to spending decisions.... A decision to spend depends not simply on whether the would-be spender has cash or ‚money in the bank'."[75] Der kanadische Kommissionsbericht, an dem H. G. Johnson maßgeblich beteiligt war, schließt sich in seiner theoretischen Auffassung vom Geldkonzept dem Radcliffe-Bericht an.[76]

Das Liquiditätskonzept des Radcliffe-Reports ist wegen seiner Unklarheit und wegen der mangelnden zahlenmäßigen Eindeutigkeit angegriffen worden.

Gewiß ist die eng gefaßte Geldmenge geldpolitisch besser zu kontrollieren als die Liquidität, eine Größe, die qualitative und quantitative Momente vereinigt. Es ist auch richtig, daß die entscheidende geldpolitische Variable operabel definiert sein sollte; das alles spricht für das enge Geldkonzept und für die Kontrolle der Banken. Aber die bessere Operabilität allein darf nicht den Ausschlag geben, wenn man mit einer solchen Politik nur den trifft, der am leichtesten erreichbar ist, und nur einen dazu noch relativ abnehmenden Teil der ökonomisch entscheidenden Größe.

Trotz der Probleme, die das weitere Liquiditätskonzept in der Praxis aufwirft, hält auch G. Schmölders den Wechsel von der Geldmenge im engeren Sinne zur Liquidität als der für die Gesamtnachfrage entscheidenden Größe für richtig[77]. J. A. Schumpeter plädierte bereits 1917 für eine weitere Fassung der Geldmenge: „Jede andere entstellt das Wesen der Sache, indem sie Grenzen zieht, wo der Wirtschaftsprozeß keine aufweist, und verrammelt sich mit juristischen und technischen Nebenbedingungen und historischen Zufälligkeiten den Ausblick."[78] Und die leichtere Erfaßbarkeit und Bestimmbarkeit der Geldmenge im engeren Sinne hält Schumpeter für keinen Vorteil; wenn man weiß, „daß damit die wirksame Geldmenge nicht erfaßt ist, so nützt es wenig, diese Fassung beizubehalten, mit der wir nichts anfangen können und deren Einfachheit sich später durch um so größere Kompliziertheit der mit ihr arbeitenden Gedankengänge rächt"[79].

Viele Geldtheoretiker verwenden heute in ihren Untersuchungen eigene Gelddefinitionen, wobei die jeweils benutzte Geldgröße nicht selten danach ausgewählt ist, wie eng sie mit bestimmten, für die jeweilige Fragestellung wichtigen Variablen wie dem Volkseinkommen, dem Vermögen oder einem Zinssatz korreliert ist. Das hat dann u. U. die Konsequenz, daß die Geldmenge je nach dem Untersuchungsziel, je nach dem Untersuchungszeitraum und je nach dem Land, für das die Untersuchung angestellt wird, verschieden definiert ist. So werden selbst von den Zentralbanken inhaltlich recht unterschiedliche Statistiken des Geldvolumens geführt.

[75] *Committe on the Working of the Monetary System* [30, S. 133].
[76] *Royal Commission on Banking and Finance* [142].
[77] *G. Schmölders* [149, S. 352].
[78] *J. A. Schumpeter* [150, S. 64 f.].
[79] ibd., S. 65.

L. B. Yeager hält diese Entwicklung für bedenklich, weil Korrelationen nichts darüber aussagen können, welche Größe theoretisch sinnvoll ist und weil die daraus resultierende Mehrdeutigkeit des Geldbegriffes zu Verwirrungen führen müsse[80].

Aber man muß zugeben, daß trotz dieser Unklarheit über die – so könnte man glauben – grundlegende Frage der Geldtheorie die Diskussion der geldtheoretischen Probleme ungestört weitergegangen ist. Läßt das vielleicht die Annahme zu, daß es auf eine eindeutig begrenzte Festlegung des Geldbegriffes gar nicht ankommt? O. Veit meint ja; denn nach seiner Meinung sind die geldtheoretisch relevanten Probleme des volkswirtschaftlichen Systems in Wirklichkeit Probleme der Liquidität[81]. Dieser Auffassung schließt sich der Verfasser an, soweit der von Veit verwendete Begriff „Liquidität“ die Geldmenge in einem weniger eng gefaßten Sinne zum Inhalt hat[82].

2.2.2. Liquiditätszunahme durch Lieferantenkredit

Banken und andere Finanzierungsinstitute konkurrieren auf einem Markt, dem für Kredite. Im Radcliffe-Report wird das so formuliert: „The market for credit is a single market.“[83]

Klare und eindeutige Grenzen zwischen den Schuldtiteln, die von den verschiedenen Kreditvermittlern ausgegeben werden, lassen sich nicht ziehen[84]. Die Unterschiede liegen im Liquiditätsgrad, und daß Liquidität nichts Absolutes, sondern etwas Relatives ist, eine Sache des Grades, darauf hat bereits J. M. Keynes hingewiesen: „There is, clearly, no absolute standard of ‚liquidity‘ but merely a scale of liquidity – ...“[85] W. Stützel spricht in diesem Zusammenhang von den fließenden Übergängen zwischen dem Geld i. e. S., den geldnahen Forderungen und den sonstigen Liquiditätsreserven[86].

Jeder Kredit, jede Zunahme des Finanzvermögens bedeutet gesamtwirtschaftlich eine Zunahme der Liquidität, auch wenn gleichzeitig eine Zunahme der privaten Schuld erfolgt; denn die Schuld wird erst in der Zukunft fällig, sofort aber entsteht die gegen die Schuld eingekaufte Liquidität; und auch die Tatsache, daß ein Zins für die Kredittransaktion entrichtet wird, zeigt, daß die Liquidität insgesamt zugenommen hat. „... claims are more liquid, considered by the holders, than the corresponding debts are illiquid, considered by the debtors.“[87]

[80] *L. B. Yeager* [191, S. 46 f.].
[81] *O. Veit* [177, S. 276].
[82] Der viel weiter gehenden, naturalwirtschaftlichen Deutung des Phänomens „Liquidität“, wie sie O. Veit in seiner „Volkswirtschaftlichen Theorie der Liquidität“ (Frankfurt a. M. 1948) entwickelt hat, kann sich der Verf. jedoch nicht anschließen.
[83] op. cit. S. 42.
[84] Anderer Auffassung sind *B. P. Pesek* und *T. R. Saving* [128], die glauben, Geld i. e. S. und geldnahe Forderungen ließen sich eindeutig trennen, wenn man das Kriterium des gesamtwirtschaftlichen Vermögenszuwachses zugrunde legt. Vgl. auch die Besprechung des Buches von Pesek und Saving durch *J. Hicks* [74, S. 129 ff.].
[85] *J. M. Keynes* [86, S. 240].
[86] *W. Stützel* [164, S. 65 ff.].
[87] *R. N. McKean* [111, S. 75].

Kredite machen liquide Mittel und damit Kaufkraft für Ausgaben verfügbar. Und es geht, wie Gurley und Shaw in ihrer oben zitierten Entgegnung auf Culbertson mit Recht schreiben, für die makroökonomische Geld-, Zins- und Preistheorie gar nicht in erster Linie darum, ob die Schuldtitel der intermediären Finanzierungsinstitute Geld im Sinne von Zahlungsmitteln darstellen, sondern darum, daß sie zusätzliche Kaufkraft bereitstellen. „Sobald wir begreifen, daß ... sich die durch ‚Kredit' begründete Nachfrage in der gleichen Art und Weise auf die Preise auswirkt wie die durch Zahlungsmittel begründete Nachfrage, sind wir auf dem richtigen Wege ... zur Entdeckung der Beziehungen zwischen Preisen und Zins."[88] Die Auffassung, dem gesetzlichen Zahlungsmittel komme logisch eine vorrangige Stellung zu, ist nicht haltbar; sie entspringt historischem und/oder juristischem Denken, d. h., man geht vom Ursprung des Geldes aus und/oder von den technischen Besonderheiten, die für den Rechtsverkehr bedeutsam sind.

Die Erkenntnis der prinzipiellen Gleichheit von Geld i. e. S. und Kredit verdanken wir Henry Thornton, und die Tatsache, daß diese Erkenntnis, die allerdings ein beachtliches Abstraktionsniveau voraussetzt, sich auch heute noch nicht in allen Kreisen der Geldtheorie durchgesetzt hat, bestätigt die hervorragenden analytischen Fähigkeiten Thorntons.

Daß auch der Lieferantenkredit zusätzliche Kaufkraft schafft, hat bereits J. Schumpeter deutlich zu machen versucht; er schreibt in dem angeführten Aufsatz von 1917, beim Zielkauf liegt „ökonomisch Zahlung und pro tempore Vermehrung der Geldmenge vor. Denn es geschieht etwas, was ohne die Buchforderung einen Zuwachs an anderem Geld erfordern würde. Würde statt der Begründung der Buchforderung der Weg gewählt, daß sich der Käufer Bankkredit gewähren läßt und darauf mittelst Scheck zahlt, so würden alle, die Bankguthaben als Geld anerkennen, von Vermehrung der Geldmenge sprechen müssen"[89].

Der mögliche Einwand, der Lieferantenkredit bedeute nur einen vorübergehenden Zahlungsaufschub, am Ende seien die Verbindlichkeiten eben doch mit Zahlungsmitteln zu begleichen, greift zu kurz. Denn ökonomisch relevant sind vor allem die realisierten *Käufe* und viel weniger die *Formen der Bezahlung*.

Die Aufnahme des Lieferantenkredits ist unmittelbar mit der Entfaltung von effektiver Nachfrage verbunden; die Mittel für die spätere Tilgung des Kredites erwartet der Kreditnehmer wie bei jedem Kredit aus zukünftigen Zahlungseingängen. Der Lieferantenkredit hat seinen Platz vor allem im Geschäftsgeldkreis-

[88] *J. A. Schumpeter* [151, S. 877].

[89] loc. cit., S. 63 f. In diesem Zusammenhang mag der Hinweis interessieren, daß Zielverkäufe in der UdSSR und in der DDR als Kreditschöpfung angesehen werden und daher verboten sind. „Der kommerzielle Kredit wurde in der SBZ abgeschafft, ... An seine Stelle trat ... der direkte Bankkredit" (*E. Sawitzki* [143, S. 28]). In der DDR sind Verrechnungsverfahren eingeführt worden, durch die in jede zwischenbetriebliche Zahlungsbeziehung eine Bank direkt einbezogen werden muß; das Forderungseinzugsverfahren seitens der Banken läßt keine Möglichkeit, die Zahlung aufzuschieben.

lauf. Gerade dort aber hängt die ökonomische Aktivität von den Erwartungen ab; weniger die gegenwärtigen Preise und die gerade vorhandene Liquidität bestimmen die Dispositionen als die antizipierten Preise und Erlöse, aus denen eine spätere Liquiditätslücke erwartungsgemäß geschlossen werden kann.

Der Empfänger eines Lieferantenkredits steht so da, als hätte er einen Bankkredit aufgenommen; er hat Kaufkraft erhalten. Verfügungsmacht über Kaufkraft aber ist Liquidität, und so bedeutet der zusätzliche Lieferantenkredit für den Kreditnehmer eine Zunahme der Liquidität.

Die Tatsache, daß es sich beim Lieferantenkredit „nur" um einen vorübergehenden Zahlungsaufschub handelt, ist kein Einwand gegen den Liquiditätscharakter des Lieferantenkredits; gerade der zeitliche Aufschub der Zahlung führt die Zunahme der Liquidität herbei.

Der Lieferantenkredit ermöglicht wie jeder Kredit die Synchronisation von augenblicklichen Ausgaben und später eingehenden Einnahmen; ohne den Lieferantenkredit hätte die zusätzliche Kaufkraft erst nach dem Eingang von Einnahmen entfaltet werden können[90].

Ehe mit der Zunahme des Lieferantenkredits eine Liquiditätszunahme im gesamten Unternehmensbereich begründet werden kann, ist zu prüfen, welche Reaktionen beim Kreditgeber zu erwarten sind, wie sich die Liquiditätslage des Kreditgebers nach der Gewährung des Lieferantenkredits verändert hat und mit welchen Sekundäreffekten infolgedessen gerechnet werden muß.

Der Kreditgeber hat Güter und Dienste verkauft und dafür eine Forderung erworben. Erfolgte der Verkauf aus Lagerbeständen, die keine „eiserne Reserve" darstellen und daher nicht aufgefüllt werden müssen, so sind mit dem Verkauf keine Ausgaben verbunden, und der Kreditgeber ist durch die mit der Buchforderung verbundene Einnahmeerwartung liquider geworden. Denn Forderungen sind im allgemeinen, d. h. wenn von zweifelhaften Forderungen und von Inflationszeiten[91] abgesehen wird, liquider als Lagerbestände, da der bei der Liquidierung von Forderungen – etwa im Rahmen des Factoring[92] – zufließende Betrag höher und die Zeitdauer zwischen dem Liquidierungsbeschluß und dem Geldeingang in der Regel kürzer ist als der Liquidierungsbetrag und die Liquidierungsdauer bei Notverkäufen von Gütern[93].

[90] Hierbei ist natürlich zu berücksichtigen, daß der Lieferantenkredit zunächst nur Transaktionen innerhalb der Unternehmenssphäre finanziert; er erreicht also nicht die gleiche Verwendungsbreite wie der Bankkredit. Aber erstens spielt dieses Argument nur dann eine Rolle, wenn es bei der Finanzierung auf eine größere Verwendungsbreite ankommt, und zweitens werden durch den Lieferantenkredit gleichzeitig andere Mittel mit größerer Verwendungsbreite frei. Vgl. dazu *H. H. Jonas* [81, S. 124].

[91] In Inflationszeiten treten wesentliche Verschiebungen auf der üblichen Liquiditätsskala ein. So kommt in extremen Fällen den Sachgütern in einer Inflation ein höherer Liquiditätsgrad zu als den Zahlungsmitteln. Vgl. dazu *A. Strobel* [162, S. 37 f.].

[92] Vgl. *K. Engelen* [41] zu den Möglichkeiten und den Problemen, Buchforderungen zu verflüssigen.

[93] Zu diesen Bestimmungskriterien der Liquidität vgl. *E. Witte* [189, S. 9 f.].

Ein Verkauf aus übergroßen Lagerbeständen ist gesamtwirtschaftlich nur in bestimmten Konjunkturphasen möglich, und daher kann dieser Fall nicht als Normalfall angenommen werden. Normalerweise sind mit einem Verkauf zusätzliche Produktionsleistungen und damit zusätzliche Ausgaben verbunden. Die beim Zielverkauf gegenüber dem Barverkauf längere Verweildauer der zu erwartenden Einnahmen erfordert eine entsprechend größere Liquidität des Kreditgebers, und es kommt für unsere Frage darauf an, woher der Kreditgeber die erforderliche Liquidität für die Synchronisation der zu tätigenden Ausgaben mit den später zufließenden Einnahmen erhält.

Zur Veranschaulichung der möglichen Auswirkungen der Kreditgewährung auf das Portefeuille-Verhalten des Kreditgebers soll die Bilanz dienen. Die Zunahme der Buchforderungen kann danach durch einen Aktivtausch, d. h. durch eine entsprechende Reduktion anderer Vermögensteile, oder durch eine Bilanzverlängerung, etwa durch eine Aufnahme zusätzlicher Kredite, ausgeglichen werden.

Werden für die Überbrückung der Verweilzeit der Umsatzforderungen Mittel verwendet, die für Güterkäufe bestimmt waren, und werden diese Käufe nun nicht getätigt, so hat durch die Kreditgewährung die Liquidität des Kreditgebers im gleichen Maße abgenommen, wie die Liquidität des Kreditempfängers zugenommen hat. Es ist durch den Lieferantenkredit eine bloße Übertragung von Liquidität erfolgt, und die Gesamtliquidität im Unternehmensbereich ist in diesem Fall unverändert geblieben.

Werden Kassen- und/oder Wertpapierbestände reduziert, die als Liquiditätsreserve gehalten wurden, so werden infolge der Lieferantenkreditgewährung die Ausgaben des Kreditgebers für Güter und Dienste nicht eingeschränkt; die Gesamtliquidität hat zugenommen.

Das gleiche gilt für den Fall, daß der Unternehmer solche Mittel zur Überbrückungsfinanzierung verwendet, die ihm in Höhe des in den Preisen kalkulierten Abschreibungsaufwands zufließen und die andernfalls den Fonds für die Wiederbeschaffung von Anlagegegenständen vergrößern würden[94].

Eine Zunahme der Gesamtliquidität erfolgt ebenfalls, wenn der Kreditgeber eingeräumte, aber bisher nicht in Anspruch genommene Bankkredite oder Kredite anderer Finanzierungsinstitute heranziehen kann. Das gilt auch für den Fall, daß es dem Kreditgeber gelingt, selbst einen Zahlungsaufschub zu erhalten, d. h. einen Lieferantenkredit aufzunehmen.

Auf den ersten Blick könnte der Leser glauben, diese letzte Möglichkeit sei nur für ein einzelnes Unternehmen gegeben, nicht aber für alle. Er könnte also versucht sein, dieses Argument als Ergebnis einer typisch einzelwirtschaftlichen Betrachtungsweise anzusehen und es im Zusammenhang mit unseren gesamtwirtschaftlichen Problemen als unbrauchbar zu verwerfen.

In Wirklichkeit resultiert das Argument aus der typisch gesamtwirtschaft-

[94] Vgl. dazu *H. Langen* [98, S. 337 ff.].

lichen Vorstellung des Gleichschritts der Unternehmen – in Analogie zum Gleichschritt der Banken. Dabei braucht nicht an die strengen Formen des Gleichschritts gedacht zu werden, wonach die Unternehmer die Kreditschöpfung gleichzeitig und in gleicher Höhe betreiben oder in solcher Höhe, daß zwischen ihnen keine Salden auftreten[95]. Ein vollständiger Gleichschritt derart, daß bei der Aufrechnung der gegenseitigen Forderungen kein Saldo entsteht, würde die Möglichkeiten der Liquiditätsschöpfung der Unternehmer ebenso vergrößern wie der entsprechende Gleichschritt der Banken den Geldschöpfungsspielraum[96]. Je näher aber die Unternehmer diesem vollständigen Gleichschritt kommen, d. h. je größer der Teil des von ihnen gewährten Lieferantenkredits ist, den sie durch empfangene Lieferantenkredite finanzieren können, desto größer wird die insgesamt geschöpfte Liquidität im Unternehmensbereich sein.

Zur Schaffung zusätzlicher Liquidität würde also bereits eine weniger strenge Form des Gleichschritts ausreichen etwa in dem Sinne, daß die Unternehmer sich so lange gegenseitig Lieferantenkredit gewähren, bis alle oder immerhin der größte Teil der insgesamt im Unternehmensbereich vorhandenen ungenutzten oder nicht voll genutzten finanziellen Mittel ausgenutzt werden[97].

Wie R. Schilcher ausführt, liegt die Bedeutung des Bankengleichschritts vor allem darin, daß bei den Banken die Bestände an Zentralbankgeld gesenkt werden können[98]. Entsprechend können die Zahlungsmittelbestände der Unternehmen gesenkt werden, wenn die Unternehmen eine Art Gleichschritt bei der Lieferantenkreditvergabe betreiben, wodurch sie sich gegenseitig Liquidität verschaffen und eine zumindest teilweise Synchronisation von Ausgaben und Einnahmen ermöglichen.

Hier könnte der Einwand gemacht werden, der Preis für Bankkredite müßte niedriger sein, wenn alle so mobilisierten überschüssigen Mittel als Einlagen bei den Banken gehalten würden, so daß deren Kreditschöpfungsspielraum größer wäre, und wenn alle eingeräumten, aber nicht ausgeschöpften Kredite als effektives Kreditangebot auf den Markt gelangten. So könnten auch die Kreditwünsche der Lieferantenkreditnachfrager am offiziellen Kreditmarkt, und zwar zu niedrigerem Preis, befriedigt werden.

Dieser Einwand ist grundsätzlich berechtigt, er vernachlässigt aber die Tatsache, daß der Kreditmarkt in Wahrheit kein vollkommener Markt im Sinne der Preistheorie ist[99]. In der Praxis existieren Unteilbarkeiten auch bei den Einlagen, d. h., erst von einer Mindesthöhe an werden überschüssige Finanzmittel zinsbringend als Termineinlagen genutzt, es gibt Kreditrationierungen, d. h., die eingeräumten Kreditlinien können nicht einfach ohne Beachtung der dadurch

[95] Zu den verschiedenen Konzepten und Versionen des Gleichschritts und ihren Implikationen vgl. G. *Schaaf* [147, S. 48 ff.].
[96] Vgl. dazu *H. Moeller* [118, S. 187 f.].
[97] In einer gerade erschienenen Studie hebt auch *A. B. Laffer* die Bedeutung des möglichen, aber nicht ausgenutzten Lieferantenkredits hervor [96, S. 239 ff.].
[98] R. *Schilcher* [148, S. 154 f.].
[99] Vgl. dazu auch *J. A. Schumpeter* [152, S. 313 ff.].

Begünstigten dem Gesamtangebot zugeschlagen werden, und so bildet sich eben kein einheitlicher Preis für Kredite gleicher Laufzeit. Solange die offizielle Geldpolitik mit Variationen der Zinssätze und der Kreditanforderungen darüber hinaus nur auf dem Teilmarkt des Bankensektors betrieben wird, kommt es notwendigerweise zu einer weiteren Spaltung der Kreditmärkte in einen von der Geldpolitik bestimmten und einen freien Markt, dessen Preise nur indirekt über die Beziehungen zum Bankensektor beeinflußt werden.

Von dieser Spaltung der Kreditmärkte profitiert vor allem der Lieferantenkredit; denn nun sind auch in Zeiten einer Liquiditätsanspannung und genauerer Prüfung der Kreditwürdigkeit zu – allerdings nur auf den ersten Blick – hohem Preis[100] noch Mittel für solche Kreditnachfrager verfügbar, die den Kreditanforderungen nach Bankmaßstäben nicht mehr genügen. Die persönliche Kenntnis der Partner und die vielleicht langjährigen Geschäftsbeziehungen, das Absatzinteresse des Kreditgebers, die Verwertbarkeit auch der Lagerbestände sind Bestimmungsfaktoren, die für Unternehmer zählen und sogar eine gewisse Sicherheit bieten; für die Banken bedeuten sie wenig.

Nach diesen Überlegungen kommt man zu dem Resultat, daß der Empfänger von Lieferantenkredit in jedem Fall liquider ist, da er so dasteht, als hätte er einen Bankkredit erhalten. Der Kreditgeber wird in der Regel, d. h. abgesehen von dem nicht sehr realistischen Fall, daß er nur Mittel mobilisieren kann, die gleichzeitig investiert werden sollten, seine Ausgaben nicht einschränken; die zur Überbrückung der längeren Verweildauer nötige Liquidität läßt sich durch vorübergehende Verwendung von Abschreibungsbeträgen und durch Kredite beschaffen, vor allem durch eine intensivere Nutzung der im Unternehmensbereich insgesamt vorhandenen Mittel, die über eine Art Gleichschritt der Unternehmer mobilisiert werden.

Die Analogie zum Bankengleichschritt hat wohl auch O. Veit im Sinn, wenn er schreibt: „Durchaus entsprechend der bankmäßigen Geldschöpfung können die Unternehmer Liquidität gewinnen, ... indem sie in Vorwegnahme künftiger Produktionsergebnisse sich gegenseitig Warenkredite gewähren. ... der Geldschöpfungsmacht der Banken ... entspricht eine Liquiditätsschöpfungsmacht jedes Unternehmers ...“[101]

2.2.3. Brutto- und Nettothese des Lieferantenkredits

Nach den vorangegangenen Ausführungen über die Liquiditätszunahme im Unternehmensbereich infolge eines zusätzlichen Lieferantenkredits und über den Gleichschritt der Unternehmer verfügen wir über die theoretischen Grundlagen zur Beantwortung der Frage, ob die durch den Lieferantenkredit geschaffene

[100] Es wurde oben darauf hingewiesen, daß sich dieser Preis bei Berücksichtigung der häufigen Überschreitung der Zahlungsziele erheblich reduziert; er liegt effektiv wahrscheinlich nicht wesentlich über den Preisen anderer, im Hinblick auf Liquiditätsgrad und Risiko vergleichbarer Kredite.

[101] O. *Veit* [177, S. 274].

Kaufkraft in Höhe des gesamten gewährten Kredits zunimmt oder ob der gleichzeitig empfangene Kredit abgezogen werden muß.

Die Brutto- und die Nettokreditthese sind in der Literatur im Zusammenhang mit makroökonomischen Preis- und Einkommenseffekten des Lieferantenkredits diskutiert worden. Aber selbstverständlich ist diese Frage auch für die hier untersuchten geldpolitischen Wirkungen des Lieferantenkredits von Interesse, da sich die offizielle Geldpolitik um die Kontrolle der effektiven Nachfrage bemühen muß.

Zunächst könnte sich der Leser fragen, wie es gesamtwirtschaftlich überhaupt zu einer Divergenz zwischen den gewährten und den empfangenen Lieferantenkrediten kommen kann.

Lieferantenkredite im Sinne unserer Definition werden von in- und ausländischen Unternehmen gewährt. Empfänger dieser Kredite sind neben in- und ausländischen Unternehmen auf der Endstufe der Produktion auch private und staatliche Haushalte.

In einer konsolidierten volkswirtschaftlichen Vermögensrechnung würden theoretisch die Lieferantenkredite zwischen den inländischen Unternehmen nicht mehr in Erscheinung treten, da jeder Forderung eines inländischen Unternehmers an einen anderen inländischen Unternehmer eine gleich hohe Verbindlichkeit dieses Unternehmers gegenüber dem ersten entspricht. Praktisch werden bei der Verwendung von Bilanzangaben aber selbst in diesem Bereich der Kreditbeziehungen zwischen den inländischen Unternehmen die gewährten Lieferantenkredite die empfangenen übersteigen. Der Grund liegt in den unterschiedlichen zeitlichen Verzögerungen bei der Verbuchung von Forderungen und Verbindlichkeiten. Die Forderungen werden im allgemeinen eher erfaßt und bleiben länger bestehen als die Verbindlichkeiten[102].

Von den übrigen Lieferantenkrediten zwischen Inländern und Ausländern würden die von inländischen Unternehmen gewährten Kredite an private und staatliche Haushalte voll erhalten bleiben, weil diese Wirtschaftseinheiten selbst ex definitione keine Lieferantenkredite gewähren, die abgezogen werden könnten, und es bliebe die Differenz zwischen den gewährten und den empfangenen Lieferantenkrediten aus dem Verkehr der inländischen mit ausländischen Unternehmen erhalten. Daraus wird deutlich, daß nach dem Konzept der Nettokreditthese die für die Analyse makroökonomischer Preis- und Einkommenseffekte besonders wichtige Kategorie der Lieferantenkredite zwischen den inländischen Unternehmen theoretisch gar nicht mehr erscheint und praktisch nur infolge der Unterschiede in den zeitlichen Verzögerungen bei der Erfassung und Tilgung von Forderungen und Verbindlichkeiten. Daher kann dieses Konzept nicht die

[102] Forderungen werden sofort nach dem Verkauf gebucht; die Verbindlichkeiten erst nach dem Empfang der Güter und Leistungen; die Verbindlichkeiten werden beim Schuldner sofort nach der Zahlung gekürzt, die Forderungen aber erst nach dem Eingang der Zahlung.

Grundlage einer angemessenen geldpolitischen Beurteilung des Lieferantenkredits sein.

Die Nettokreditthese wird von Brechling und Lipsey mit der Begründung vertreten, der Lieferantenkredit sei nicht transferierbar, er bringe also keine neuen Zahlungsmittel in Umlauf, die zur Tilgung der Kredite nun einmal erforderlich seien. Nur in Höhe des Nettobetrages werde Geld übertragen, nur in dieser Höhe könne man also von einer expansiven Wirkung des Lieferantenkredits sprechen[103].

Es ist deutlich, welche Auffassung dieser These zugrunde liegt: nicht der zu effektiver Nachfrage werdenden Kaufkraft, sondern der Geldmenge im engeren Sinne wird die ökonomische Relevanz zugesprochen. Diese Nettokreditthese hatte bereits I. Fisher vertreten; weil sich nach seiner Meinung gewährte und empfangene Lieferantenkredite gesamtwirtschaftlich annäherungsweise entsprechen, glaubte er, den Lieferantenkredit trotz seiner grundsätzlichen Bedeutung in der Verkehrsgleichung nicht berücksichtigen zu müssen[104].

Würden nur vom Nettolieferantenkredit Effekte auf die Nachfrage nach Gütern und Diensten ausgehen, so setzte das voraus, daß die Effekte des gewährten und des empfangenen Lieferantenkredits genau gleich und entgegengesetzt sind. Das impliziert, daß jeder Kreditgeber die ihm verfügbaren Mittel selbst ebenso effizient hätte nutzen können wie der Kreditempfänger und daß der Kreditgeber seine Ausgaben immer in dem Maße einschränken müßte, in dem der Empfänger des Lieferantenkredits Käufe getätigt hat.

Diese Annahme ist nach unseren früheren Ergebnissen nicht haltbar. Vielmehr hat sich gezeigt, daß die Reduktion der Ausgaben durch den Kreditgeber eine Ausnahme und nicht die Regel darstellt. Im allgemeinen wird der Kreditgeber seine Ausgaben nicht einschränken; durch intensivere Nutzung vorhandener oder Zuführung neuer Mittel wird er seine Liquidität erhalten können.

Insbesondere die Möglichkeit gegenseitiger Kreditgewährung führt zu einer Zunahme der Liquidität, die um so größer ist, je näher die Unternehmer dem vollständigen Gleichschritt kommen, d. h. je geringer insgesamt die Salden bei der Aufrechnung der gegenseitigen Forderungen sind.

Der Fall gleich großer Zunahmen des gewährten und des empfangenen Lieferantenkredits macht die Unhaltbarkeit der Nettokreditthese besonders deutlich. Ein solcher Gleichschritt der Unternehmer würde zu einem Nettokredit von Null führen; aber effektiv wäre in Höhe des gewährten Lieferantenkredits Nachfrage entfaltet worden, es wären in dieser Höhe Käufe von Gütern und Dienstleistungen getätigt worden.

Damit soll nicht gesagt werden, daß die Nettothese überhaupt unbrauchbar sei. Im Zusammenhang mit Fragen der Vermögensrechnung ist eine Nettoanalyse nach angemessener Aggregation durchaus sinnvoll. Sie ist aber unbrauchbar

[103] *F. P. R. Brechling* and *R. G. Lipsey* [16, S. 623 f.].
[104] *I. Fisher* [47, S. 371].

im Zusammenhang mit den hier zur Diskussion stehenden geldpolitischen Problemen. Durch eine Konsolidierung der empfangenen und gewährten Lieferantenkredite verschwinden — wie oben gezeigt wurde — relevante Größen für die Analyse makroökonomischer Preis- und Einkommenseffekte.

Vermutlich liegt in der lange Zeit zu weit getriebenen Konsolidierung im finanziellen Bereich der Grund dafür, daß viele geldpolitische Probleme nicht erkannt und daher auch nicht analysiert wurden. „The result of consolidating spending units into a monolitic solidarity must be to eliminate money as well as other financial phenomena from aggregative economic analysis."[105] Wenn man mit der Konsolidierung genügend weit geht, verschwinden alle finanziellen Transaktionen zwischen den privaten und den intermediären Instituten einer Volkswirtschaft einschließlich der Banken; alles „inside-money" geht verloren, was bleibt, sind die Forderungen gegen den Staat und gegen das Ausland, „outside-money". Ohne Einschränkung gilt hier das Wort von Gurley und Shaw „. . . disaggregation is the essence of monetary theory"[106].

2.3. Wachstums- und konjunkturpolitische Beurteilung des Lieferantenkredits

2.3.1. Die wachstumspolitische Bedeutung

Die zunehmende Spezialisierung und Arbeitsteilung im Finanzsektor, die damit verbundene Mobilisierung investierbarer Fonds und deren Transport von sparenden Überschuß- zu investierenden Defiziteinheiten, kurz: die bessere Allokation finanzieller Mittel bedeutet eine Förderung des Wachstums.

Wenn auch noch nicht unbedingt gewährleistet ist, daß durch den Kredit die finanziellen Mittel in die produktivsten Verwendungen fließen, wie V. F. Wagner mit Recht betont[107], so besteht doch immerhin eine große Wahrscheinlichkeit

[105] *J. G. Gurley* and *E. S. Shaw* [63, S. 140]. *B. P. Pesek* und *T. R. Saving* [128] vertreten die Auffassung, das Geld i. e. S. sei auf jeden Fall aus einer solchen Aggregation herauszunehmen, weil das Bankengeld im Unterschied zu den Titeln der sekundären Finanzierungsinstitute ein Bestandteil des volkswirtschaftlichen Nettovermögens sei; es sei zwar wie die übrigen Titel eine Forderung auf Güter und Leistungen, aber es stelle im Unterschied zu ihnen keine Schuld des Geldschöpfers dar. Eine ausführliche Darstellung und Diskussion dieser Position findet der Leser bei *E. M. Claassen* (Probleme der Geldtheorie, Berlin 1970, S. 175 ff.). Claassens interessante Behandlung des Liquiditätseffektes einer Zunahme nichtmonetärer Finanzaktiva (S. 211 ff.) konnte hier leider nicht mehr verarbeitet werden. Ein Vergleich zeigt jedoch, daß seine Ergebnisse weitgehend mit den oben abgeleiteten Liquiditätseffekten einer Zunahme der Lieferantenkredite übereinstimmen.

[106] op. cit., S. 140.

[107] Vgl. *V. F. Wagner* [180, S. 66]. Danach ist „die Wanderung des Kapitals zum besten Wirt" eine Möglichkeit, die den Zufällen der individuellen Disposition überlassen bleibt, aber keine aus dem ökonomischen Prozeß resultierende Notwendigkeit.

dafür, daß der Kreditnehmer die ihm zur Verfügung gestellten Mittel effizienter nutzt, als es dem Kreditgeber möglich wäre.

An dieser Aufgabe der Kreditvermittlung ist auch der Lieferantenkredit beteiligt, der als spezieller Kredit eine notwendige Ergänzung des volkswirtschaftlichen Kreditapparates darstellt. Die allgemeine Verfügbarkeit an Krediten steigt, und es erhalten Unternehmen Kredite zur Finanzierung ihrer Geschäftstätigkeit, die sonst keine Kredite erhielten, weil sie die Sicherheitsanforderungen anderer Finanzierungsinstitute nicht erfüllen.

Aus Befragungen in England ist bekannt, daß dort vor allem kleinere, junge und schnell wachsende Unternehmen in den Genuß des Lieferantenkredits gekommen sind[108].

Neben diesem direkten Wachstumseffekt der größeren Verfügbarkeit und effizienteren Verteilung liquider Mittel sind die möglichen Wachstumseffekte eines relativ niedrigeren Zinssatzes zu nennen[109].

Inwieweit von dem niedrigeren Zinssatz am offiziellen Kreditmarkt infolge der Zunahme des Lieferantenkredits Wachstumseffekte ausgehen werden, hängt natürlich von der Zinsreagibilität der Kreditnachfrager ab.

Die Auffassung von der Wirksamkeit des Zinssatzes war in den vergangenen dreißig Jahren einem beachtlichen Wechsel unterworfen. Zu Beginn der 30er Jahre wird unter dem Einfluß der Keynesianischen Geldtheorie im Zinssatz der entscheidende Regulator der Wirtschaftstätigkeit gesehen. Diese Überbetonung des Zinssatzes erklärt sich vor allem aus der Auseinandersetzung mit der Quantitätstheorie und aus dem Bestreben, der Zentralbank ein operables Instrument für die Beeinflussung der Gesamtnachfrage in die Hand zu geben.

Mitte und Ende der 30er Jahre ändert sich die Auffassung von der Wirksamkeit des Zinssatzes völlig. Es stellt sich nämlich heraus, daß selbst minimale Zinssätze – der Diskontsatz beträgt 1932 in England 2 v. H. – die Depression nicht überwinden können. Die wissenschaftliche Bestätigung folgt in der „General Theory" von J. M. Keynes und empirisch etwas später durch die Ergebnisse einer Befragung durch die „Oxford Economists Research Group"; danach verhalten sich die Unternehmer gegenüber Zinssatzänderungen relativ indifferent[110]. Den großen Einfluß dieser Ergebnisse auf die ökonomische Fachwelt und auf das allgemeine ökonomische Denken zeigt eine Äußerung von R. F. Harrod; er bekennt 1960, daß er bei der Abfassung seines ersten, so bedeutenden „Essay in Dynamic Theory" (1939) ganz von der damals herrschenden

108 *Committee on the Working of the Monetary System* [30, S. 105 f.].

109 Daß eine Zunahme des Lieferantenkredits den Zinssatz tendenziell senkt, folgt aus der oben dargelegten Zunahme der Liquidität und aus der Abnahme der Nachfrage nach Geld i. e. S. Dieser zweite Aspekt wird weiter unten begründet; deshalb wird der Leser gebeten, sein Urteil noch nicht auf dieser Stufe unserer Erörterungen zu fällen.

110 *H. D. Henderson,* The Significance of the Rate of Interest. In: Oxford Economic Papers, Vol. 1 [1938], S. 1 ff. und *J. E. Meade* and *P. W. S. Andrews,* Summary of Replies to Questions on Effects of Interest Rates, ibd., S. 14 ff.

Meinung erfüllt war, die Entscheidungen der Unternehmer seien nur unerheblich von der Höhe des Zinssatzes beeinflußt[111].

Mit der Einsicht, daß es ebenso wichtig ist, eine Übersteigerung der Gesamtnachfrage zu reduzieren, wie in einer Depression die Nachfrage anzuregen, kam in den 50er Jahren eine Neubesinnung und Wiederentdeckung des Zinssatzes. Ein Instrument, das in der Depression versagt hatte, konnte sich in der konjunkturellen Überhitzung vielleicht bewähren. Man hatte zwar erfahren, daß auch ein extrem niedriger Zinssatz die Wirtschaft nicht aus einer Phase der Unterbeschäftigung herausbringen kann; aber es blieb zu prüfen, ob der Zinssatz nicht ein geeignetes Instrument zur Dämpfung einer Expansion sein konnte. Dabei fand man bald, daß Variationen des Zinssatzes direkt nur noch einen bescheidenen Einfluß ausüben konnten. Vor allem die indirekten Wirkungen des Zinssatzes auf die Verfügbarkeit liquider Mittel und auf die Unternehmererwartungen versprachen Erfolg. Da eine starke Liquiditätszufuhr in einer Phase der Depression immer nur eine notwendige, aber eben keine hinreichende Bedingung für einen Aufschwung ist, die Sperrung der Liquiditätszufuhr jedoch eine effiziente Maßnahme in einer Phase übersteigerter Nachfrage sein kann, wurde die Geldpolitik und speziell die Zinspolitik in der Folgezeit regelmäßig und mit besonderem Eifer in Boomphasen eingesetzt.

Daß ein relativ niedriger Zinssatz das Wachstum tendenziell fördert, dürfte unbestritten sein; zumindest werden damit vorhandene Wachtumsimpulse von der Geldseite her gefördert.

In der Sprache der Liquiditätstheorie des Zinses bedeutet eine Zunahme des Lieferantenkredits, daß sich die Kurve der Liquiditätspräferenz im Keynesianischen Sinne nach links verschiebt; es wird weniger Geld i. e. S. für Transaktionszwecke gebraucht, die Kurve wird in jedem Punkt elastischer; bei gegebener Geldmenge sinkt der Zinssatz bzw. der Zinssatz kann unverändert bleiben, obwohl infolge von Restriktionsmaßnahmen die Geldmenge reduziert wird.

Motive für das Halten von Kasse sind erstens die Notwendigkeit, den Zeitraum zwischen dem Bezug des Einkommens und seiner Ausgabe bzw. den Zeitraum zwischen den Betriebsausgaben und dem Eingang der Verkaufserlöse zu überbrücken (Einkommens- und Geschäftsmotiv) und zweitens die Vorsorge für unvorhergesehene, aber notwendige Ausgaben sowie für unvorhergesehene Gelegenheiten zu vorteilhaften Käufen (Vorsichtsmotiv)[112]. Wenn das Wirtschaftssubjekt damit rechnen kann, das zeitliche Auseinanderfallen der Ausgaben und Einnahmen durch Lieferantenkredite zu synchronisieren und die Kaufkraft für plötzlich notwendige bzw. ertragbringende Ausgaben durch Verlängerung der ihm eingeräumten Zahlungsziele zu erhalten, wird es seine Transaktionskasse verringern.

Statistisch äußert sich die Abnahme der Kassenhaltung in einer Zunahme der

[111] *R. F. Harrod*, Second Essay in Dynamic Theory. In: The Economic Journal, Vol. 78 (1960), S. 278.
[112] *J. M. Keynes* [86, S. 195 f.].

Umlaufsgeschwindigkeit des Geldes. Die hier angestellten Überlegungen lassen erkennen, daß es sich bei der Umlaufsgeschwindigkeit des Geldes entgegen der Meinung moderner Quantitätstheoretiker, die darin eine Größe von „außerordentlicher Stabilität und Regelmäßigkeit"[113] sehen, tatsächlich um ein sehr künstliches Konzept handelt. Die von M. Friedman beobachtete und subtil begründete Gesetzmäßigkeit spiegelt im Grunde nur eines wider, nämlich, daß man mit der Geldmenge i. e. S. die für die Finanzierung der Nachfrage zunehmend unbedeutendere Größe erfaßt und zum Bruttosozialprodukt oder zu den Umsätzen in Beziehung setzt.

Sicherlich wird die Zunahme der Umlaufsgeschwindigkeit des Geldes nicht unbegrenzt sein, weil eine Untergrenze der Kassenhaltung wahrscheinlich ist; das geben auch die Verfechter des weiteren Geldkonzeptes zu[114]. Aber in Sicht ist diese Untergrenze noch nicht, und wo sie liegt, hängt von der weiteren Entwicklung im Finanzsektor und den dort entstehenden neuen Wegen zur Finanzierung der Nachfrage ab.

Für die makroökonomische Geldtheorie scheint das Konzept der Umlaufsgeschwindigkeit jedenfalls nicht von großem Nutzen zu sein; die Umlaufsgeschwindigkeit ist eine statistische Verhältniszahl, die uns nichts über die Hintergründe und über den ökonomischen Zusammenhang der zueinander in Beziehung gesetzten Größen sagen kann.

Insgesamt führen unsere bisherigen Überlegungen zu dem Ergebnis, daß der Lieferantenkredit durch die Einsparung von Geld i. e. S. für Transaktionszwecke und durch die äußerste Ausnutzung und durch die Aktivierung sonst gar nicht oder nur vorübergehend nicht genutzter liquider Mittel tendenziell eine Zinssenkung und positive Wachstumseffekte hervorruft.

2.3.2. Die konjunkturpolitische Bedeutung

Die konjunkturpolitische Bedeutung des Lieferantenkredits liegt vor allem in seiner Fähigkeit, Liquidität zu aktivieren, zusätzliche Kaufkraft zu schaffen und eine Expansion der effektiven Nachfrage herbeizuführen. Die früher erwähnte bequeme und leichte Aufnahme des Lieferantenkredits kann starke Fluktuationen der effektiven Nachfrage und der Beschäftigung hervorrufen.

Wie Veränderungen des Lieferantenkredits konjunkturell zu beurteilen sind, läßt sich ohne weitere Kenntnisse nicht eindeutig sagen. Das Urteil wird davon abhängen, in welche Richtung der Lieferantenkredit sich in den verschiedenen Konjunkturphasen insgesamt oder überwiegend verändert. Eine Zunahme des

[113] *M. Friedman* [50, S. 21]. In diesem Punkt unterscheidet sich Friedman deutlich auch von seinem Lehrer *H. C. Simons* („Es gibt keine die Befürchtungen Simons' unterstreichenden Anzeichen, daß eine konstante Geldmenge ‚die Gefahr ausgeprägter Änderungen der Umlaufgeschwindigkeit mit sich bringen könnte' ", *M. Friedman,* Henry Simons' Geldtheorie und Geldpolitik (1967), [51, S. 132]).

[114] Vgl. dazu *S. M. Rousseas* [139, S. 32 ff.] und die anschließende Diskussion mit *P. L. Bernstein* [ibd., S. 454 ff.] sowie *A. N. McLeod* [112, S. 631 ff.].

Lieferantenkredits in einer Phase konjunktureller Überhitzung würde eine weitere Expansion der Nachfrage bewirken und bei ausgelasteten Produktionskapazitäten im allgemeinen unerwünschte Preissteigerungen hervorrufen. In einer Phase unausgelasteter Kapazitäten dagegen wäre eine Zunahme des Lieferantenkredits und die damit einhergehende Zunahme der effektiven Nachfrage eine konjunkturpolitische Stütze.

Der Lieferantenkredit ist also potentiell ein störender, ein stützender, unter Umständen aber auch ein unregelmäßig wirkender Faktor der Konjunkturpolitik. Daher müssen zunächst die möglichen Kreditaktionen der Unternehmer in den unterschiedlichen konjunkturellen Phasen betrachtet werden, um einer konjunkturpolitischen Beurteilung des Lieferantenkredits näher zu kommen. Dabei wird der Einfluß der offiziellen Geldpolitik auf den Lieferantenkredit von besonderer Bedeutung sein, wobei zunächst angenommen werden darf, daß dieser Einfluß auf die Kreditbeziehungen zwischen den Unternehmern nicht nur direkt, sondern auch indirekt über die Veränderungen der allgemeinen Liquiditätslage der Wirtschaft und der Erwartungen zustande kommt.

Da für die folgenden Ausführungen die Erwartungen der Unternehmer eine wichtige Rolle spielen, erscheinen einige Ausführungen zu dem hier unterstellten Erwartungskonzept am Platze.

Erwartungen sind Aussagen über die Zukunft, „Urteile über eine zukünftige Situation oder eine bevorstehende Entwicklung"[115]. Nach einer bekannten Systematisierung lassen sich ein- und mehrwertige Erwartungen unterscheiden[116]. Einwertige Erwartungen sind sicher oder sie unterliegen einer bekannten Wahrscheinlichkeitsverteilung. Von besonderem Interesse für die Praxis sind im allgemeinen mehrwertige, d. h. objektiv oder subjektiv unsichere, Erwartungen; denn der Unternehmer muß seine Entscheidungen in dem Bereich unsicherer Erwartungen zwischen den extremen und gleichermaßen unrealistischen Grenzen der vollkommenen Voraussicht und der vollkommenen Ungewißheit treffen.

Der durchschnittliche Unternehmer besitzt wegen mangelnder Information und/oder mangelnder Technik der Verwertung von Informationen zwar keine Möglichkeit, objektive Wahrscheinlichkeiten auszurechnen; aber er verfügt immer über Erfahrungen und gewisse Informationen, so daß er seinen Entscheidungen subjektive Wahrscheinlichkeiten zugrunde legen und so den Unsicherheitsbereich einschränken kann. Immer bleibt jedoch Unsicherheit, und aus dem Handeln in diesem Bereich der Unsicherheit, unter dem Einfluß unsicherer Erwartungen, entsteht das Risiko des Unternehmers, die Möglichkeit einer Fehlentscheidung[117].

Wenn im folgenden von positiven bzw. optimistischen oder negativen bzw.

[115] *W. Wittmann* [190, S. 32].
[116] *H. Albach* [1, S. 3 f.].
[117] Vgl. *F. Philipp* [129, S. 24 f.]. Zu speziellen Problemen der Entscheidung von einzelnen und Gruppen bei Risiko und Unsicherheit vgl. *R. D. Luce* and *H. Raiffa* [104].

pessimistischen Erwartungen in bezug auf die Umsätze oder die Gewinne die Rede ist, so wird darunter verstanden, daß unter den geschilderten konjunkturellen Bedingungen die Urteile der Unternehmer über die zukünftige Situation oder die zukünftige Entwicklung *überwiegend* positiv oder negativ sind. Die Erwartungen sind zwar mehrwertig in dem Sinn, daß für alle Datenkonstellationen mehrere Handlungsalternativen möglich sind; aber unter dem Eindruck der im folgenden beschriebenen konjunkturellen Lage sei die hier angenommene Reaktion nach dem subjektiven Ermessen des durchschnittlichen Unternehmers die wahrscheinlichste.

Der Unternehmer darf in der Praxis nicht das Risiko außer acht lassen, das darin liegt, daß in naher Zukunft möglicherweise eine andere als die beschriebene Datenkonstellation eintritt; unter dem Eindruck dieses Risikos ist im weiteren Verlauf der gleichen konjunkturellen Situation eine völlig veränderte Reaktion des durchschnittlichen Unternehmers denkbar.

Dieses Risiko einer möglichen Fehlentscheidung wird relativ größer, je mehr Anzeichen für eine Änderung der konjunkturellen Lage vorhanden sind. Bei den folgenden Ausführungen muß also berücksichtigt werden, daß die Unternehmer u. U. auch bei noch positiven Erwartungen allein wegen der zunehmenden Unsicherheit über die weitere konjunkturelle Entwicklung und die wahrscheinlichen Reaktionen anderer Unternehmer größere Vorsicht üben.

Im folgenden sollen die möglichen kreditpolitischen Verhaltensweisen typischer Unternehmer in den für die Geldpolitik besonders interessanten Konjunkturphasen betrachtet werden.

Damit ist bereits angedeutet, daß es in der Praxis natürlich Unternehmer geben wird, die ganz anders agieren, weil sie das grundsätzlich tun oder weil sie von den hier als typisch unterstellten Vorgängen der Hochkonjunktur oder der Depression nicht in typischer Weise betroffen sind.

2.3.2.1. *In der Phase der Hochkonjunktur*

Die Phase der Hochkonjunktur ist gekennzeichnet durch volle Beschäftigung der vorhandenen Produktionsfaktoren Arbeit und Kapital, durch steigende Einkommen, durch zunehmende effektive Nachfrage und durch steigende Preise für Güter und Dienstleistungen. Erste konjunkturdämpfende Maßnahmen sind ergriffen worden; das bedeutet für die westlichen Industrieländer üblicherweise, daß eine restriktive Geldpolitik begonnen hat. Für den repräsentativen Unternehmer stellt sich diese Situation so dar, daß seine Produktionskapazitäten voll ausgelastet sind, daß seine Gewinne und die zu zahlenden Löhne steigen, daß seine Auftragseingänge anhaltend hoch sind; er muß Lieferfristen einführen oder verlängern und kann Preiserhöhungen durchsetzen. Soweit läßt sich die typische Lage des „Verkäufermarktes“ beschreiben.

Schwieriger ist die Beschreibung einer „typischen“ Liquiditätsposition des Unternehmers. Diese ist im allgemeinen uneinheitlich und eher unternehmens- als konjunkturspezifisch.

Immerhin läßt sich soviel sagen: In der Hochkonjunktur wird die Liquiditätssituation des durchschnittlichen Unternehmers durch entgegengesetzt wirkende Vorgänge beeinflußt[118].

Die Absicht, alle verfügbaren finanziellen Mittel einzusetzen und alle sich bietenden Absatzchancen wahrzunehmen, führt zu einem erhöhten Liquiditätsbedarf. Liquiditätsvermindernd wirkt weiterhin die einsetzende Restriktionspolitik der Zentralbank. Liquiditätsvermehrend wirken die günstige Absatzentwicklung und die zunehmenden Gewinne, die eine entsprechend hohe Selbstfinanzierung gestatten, soweit die erzielten Überschüsse nicht zu Investitionszwecken, zu Gewinnausschüttungen oder zur Zahlung von Gewinnsteuern verwendet werden.

Bei der Beschreibung des typischen Lieferantenkreditverhaltens der Unternehmen wird zweckmäßigerweise zwischen den Kreditgebern und den Kreditnehmern unterschieden.

Unterstellt man für den Kreditnehmer die Absicht, alle sich bietenden Absatzchancen zu nutzen und alle verfügbaren finanziellen Mittel einzusetzen, so wird daraus eine Zunahme der Lieferantenkreditnachfrage resultieren. Das gilt insbesondere dann, wenn Bankkredite aufgrund der restriktiven Maßnahmen der Zentralbank teurer geworden sind oder wenn die Banken zu Kreditrationierungen übergehen, da sie die Erfolgsaussichten der Kreditnachfrager weniger günstig beurteilen als diese selbst.

Bei anhaltend positiven Erwartungen bezüglich der Umsätze und Gewinne und bei guten Beziehungen zu Banken und anderen Finanzierungsinstituten, die sich in vergangenen Phasen restriktiver Geldpolitik bewährt haben, wird auch der Kreditgeber zu einer Ausdehnung seiner Lieferantenkreditgewährung bereit sein. Er wird entsprechenden Kreditwünschen seiner Abnehmer bewußt oder unbewußt nachgeben, indem er die Überschreitung der eingeräumten Zahlungsziele weniger ernsthaft verfolgt.

Bei anhaltend positiven Erwartungen bezüglich der Umsätze und Gewinne ist in der Phase der Hochkonjunktur unter den geschilderten Bedingungen eine Zunahme der Lieferantenkredite wahrscheinlich.

Nun könnten sich jedoch in der Boomphase einige dieser Bedingungen ändern. Nehmen wir an, der „typische" Unternehmer erwarte, die Restriktionsmaßnahmen der Zentralbank würden so bald nicht gelockert und die Reduktion der Geldmenge werde zu einer allgemeinen Liquiditätsenge führen. Eine solche Einschätzung der Lage wird den Kreditgeber auch bei weiterhin positiven Erwartungen allein aufgrund der größeren Unsicherheit bezüglich seiner zukünftigen Liquiditätsposition zu einer vorsichtigeren Vergabe von Lieferantenkrediten und zu einer gewissenhafteren Überwachung der Zahlungsziele veranlassen. Das Vorliegen des „Verkäufermarktes" und die voll ausgelasteten Kapazitäten werden diese zurückhaltendere Verhaltensweise des Unternehmers erleichtern.

[118] Vgl. dazu *A. Strobel* [162, S. 21].

Wenn der Unternehmer im weiteren Verlauf der Hochkonjunktur befürchtet, die Kreditrestriktionen könnten ihr Ziel erreichen und eine relative oder gar absolute Verminderung der effektiven Nachfrage bewirken, so wird die Unsicherheit bezüglich seiner Liquiditätsposition wachsen, weil er nun nicht mehr damit rechnen kann, auftretende Liquiditätslücken aus stetig wachsenden Einnahmen schließen zu können. Aus Furcht vor eigener Illiquidität wird der Unternehmer bei anhaltender Kreditrestriktion von einem bestimmten Punkt an wohl eher eine Reduktion in seinen Umsätzen hinnehmen, als weitere Lieferantenkredite einräumen.

Allerdings ist hier der Wechsel in der konjunkturellen Ausgangssituation zu beachten; die Absatzerwartungen sind jetzt bereits negativ, d. h. ihre Richtung hat sich verändert.

Der Lieferantenkreditnehmer wird auch unter den geänderten Bedingungen seine Kreditwünsche kaum zurückstellen. Die Lieferantenkredite werden grundsätzlich aus den Umsätzen getilgt, und gewöhnlich ist der Kreditnehmer stärker vom Erfolg seiner Pläne überzeugt, als der Kreditgeber, der naturgemäß vorsichtige Abstriche macht[119]. Glaubt also der Kreditnehmer, die Restriktionspolitik werde anhalten und am Ende vielleicht Erfolg haben, so wird er versuchen, der zu erwartenden Liquiditätsenge durch die Aufnahme zusätzlicher Lieferantenkredite möglichst lange zu entgehen, wenn er nur einen Kreditgeber finden kann. Eine vorsichtigere und entsprechend zurückhaltendere Disposition wird bei der Lieferantenkreditnachfrage erst zu beobachten sein, wenn der nachfragende Unternehmer seine Umsatzentwicklung selbst negativ einschätzt, also in einer Phase bereits negativer Absatzerwartungen.

Insgesamt ist bei günstigen Absatzerwartungen und allgemeinem Optimismus in der Hochkonjunktur eine relative Zunahme des Lieferantenkredits auch bei restriktiven geldpolitischen Maßnahmen wahrscheinlicher als eine relative Abnahme. Solange der Kreditgeber positive Erwartungen bezüglich seiner und des Kreditnehmers Umsätze und Gewinne hegt und solange keine Anzeichen für eine Änderung dieser Lage vorhanden sind, die ihn zu größerer Vorsicht veranlassen könnten, wird er seine eigenen Liquiditätsreserven reduzieren, weil er glaubt, ihm werden aus den laufenden Überschüssen oder aus Krediten genügend liquide Mittel zufließen.

Eine relative Abnahme des Lieferantenkredits ließe sich bei noch positiven Erwartungen nur durch die zunehmende Unsicherheit bezüglich der Dauer und der Wirkungen der Restriktionspolitik der Zentralbank erklären.

Die Annahme, der Unternehmer werde seine Bemühungen um den Absatz einschränken, wenn seine Kapazitäten voll ausgelastet sind, ist insgesamt zwar nicht sehr plausibel; immerhin wäre aber eine solche relativ kurzfristig ausgerichtete Absatzpolitik in einzelnen Fällen möglich.

[119] Zur unterschiedlichen Mentalität von Kreditgeber und Kreditnehmer vgl. *E. Witte* [189, S. 33].

Nach diesen Überlegungen erscheint die Vermutung, daß der Lieferantenkredit in einer Phase der Hochkonjunktur relativ zunehmen wird und daß die Elastizität des Kreditsystems sich damit entgegen den Erfordernissen einer wirksamen Geldpolitik erhöht, als durchaus begründet[120]. Aber auch eine Abnahme des Lieferantenkredits wäre in Zeiten einer restriktiven Geldpolitik trotz noch positiver Erwartungen bezüglich der Umsätze und Gewinne wegen der größeren Unsicherheit möglich. Denn entscheidend für das Kreditverhalten der Unternehmer dürfte neben der Richtung der Sicherheitsgrad der Erwartungen sein.

2.3.2.2. In der Phase der Depression

Die Phase der Depression ist gekennzeichnet durch Unterbeschäftigung der vorhandenen Produktionsfaktoren Arbeit und Kapital, durch sinkende Einkommen, durch abnehmende effektive Nachfrage, insbesondere infolge stark eingeschränkter Investitionstätigkeit. Als erste konjunkturanregende Maßnahme wird eine expansive Geldpolitik betrieben.

Für den typischen Unternehmer stellt sich die Situation so dar: seine Produktionskapazitäten sind nicht voll ausgelastet, die Auftragseingänge, die Umsätze und die Geldeingänge gehen zurück; der Unternehmer versucht, durch Einführung von Kurzarbeit größere Entlassungen zu vermeiden; die Effektivlöhne sinken, die Gewinne nehmen ab; der Wettbewerb um die noch vorhandenen Aufträge erfordert eine besonders aktive Absatzpolitik.

Auch in dieser Phase ist die Beschreibung der typischen Liquiditätslage schwieriger als die Darstellung der allgemeinen Konjunkturlage.

Die Liquiditätssituation des typischen Unternehmers wird wiederum durch entgegengesetzt wirkende Vorgänge beeinflußt. Liquiditätsvermindernd wirken vor allem die schrumpfenden Geldeingänge, die erhöhte Kapitalbindung durch schleppende Zahlungseingänge und durch größere Lagerbestände infolge der Absatzrückgänge bei relativ starrem Produktionsapparat und die wegen der zunehmenden Gefahr von Insolvenzen abnehmende Kreditbereitschaft der Kreditgeber. Liquiditätsvermehrend wirken die wegen der pessimistischen Erwartungen vorsichtigeren Dispositionen des Unternehmers; er zögert seine Kaufentschlüsse länger hinaus, weil seine Erwartungen auf relativ oder absolut sinkende Preise gerichtet sind. Liquiditätsvermehrend wirkt weiterhin die einsetzende expansive Geldpolitik der Zentralbank. Insgesamt ist aber wegen des anhaltenden Rückgangs der Geldeinnahmen bei gleichzeitig hohen vordisponierten und nicht im Maße des Umsatzrückgangs abbaufähigen Ausgaben eine Liquiditätsverknappung in der Depression wahrscheinlich[121].

Für die Beurteilung der unternehmerischen Lieferantenkreditpolitik in dieser

[120] „Trade credit introduces considerable elasticity into the response of business to efforts by the monetary authorities to compress liquidity. In conditions of boom it can be used to finance a continuing expansion, even when bank credit is being contracted, so long as business expectations remain sanguine." (Committee on the Working of the Monetary System, Report [30, S. 103]).

[121] So auch *H. Langen* [97, S. 44].

Phase sollen wie oben die wahrscheinlichen Verhaltensweisen von Kreditgeber und Kreditnehmer getrennt erörtert werden.

Die pessimistischen Erwartungen bezüglich der Umsätze und Gewinne, die angespannte Liquiditätslage und das geringere Vertrauen in die Solvenz der Schuldner werden den Lieferantenkreditgeber zu größerer Zurückhaltung veranlassen. Dieser Tendenz zur Einschränkung des Lieferantenkreditangebotes steht gleichzeitig eine Tendenz zur Ausdehnung gegenüber: die vorhandenen Leerkapazitäten zwingen zu intensiveren Absatzanstrengungen. Kann der Unternehmer genügend Sicherheiten bieten[122] und die Finanzierungsinstitute außerdem von den Erfolgsaussichten seiner Pläne überzeugen, so findet er in dieser Phase expansiver Geldpolitik und starker Konkurrenz der um Kreditanlage werbenden Institute die nötigen liquiden Mittel zur Überbrückung der längeren Verweilzeiten seiner Forderungen. Da die Gewährung von Lieferantenkrediten für den typischen Unternehmer ein Mittel der Absatzpolitik darstellt und keine Anlage überflüssiger Liquidität[123], wird in der Phase der Depression beim Kreditgeber die Neigung zur Ausdehnung der Lieferantenkredite stärker sein als die Tendenz zur Einschränkung als Folge der eigenen Liquiditätsanspannung. „. . . the main obstacle to the further extension of trade credit has been the lack of confidence rather than the lack of cash of the supplier."[124]

Die Lieferantenkreditnachfrage wird in der Depression zunehmen. Die allgemein intensiveren Absatzbemühungen bei gleichzeitiger Liquiditätsverknappung infolge stockender Geldeingänge veranlassen den Unternehmer, nach Möglichkeit jede sich bietende Finanzierungsquelle auszuschöpfen. Die bei negativen Erwartungen bezüglich seiner Umsätze größere Vorsicht des Kreditnachfragers könnte eine relative Abnahme der Lieferantenkreditaufnahme begründen. Bedenkt man aber, daß in dieser Zeit des allgemeinen Pessimismus und geringer Kreditwürdigkeit der Lieferantenkredit für viele Unternehmer die einzige Finanzierungsquelle darstellt, so erscheint eine Zunahme der Lieferantenkreditnachfrage wahrscheinlicher als eine Abnahme.

Insgesamt kommt man zu dem Ergebnis, daß auch in der Phase der Depression eine Zunahme des Lieferantenkredits möglich, ja sogar wahrscheinlich ist. Die gleiche Auffassung vertritt H. Langen, der „die freiwillige Übernahme von Finanzierungsfunktionen der Lieferbetriebe für ihre Abnehmer, die sich in der Inanspruchnahme wachsender . . . Zahlungsziele . . . niederschlägt", für eine typische Erscheinung in einer Phase konjunktureller Abschwächung hält[125].

Nach dieser Diskussion des wahrscheinlichen Lieferantenkreditverhaltens

[122] *H. Lipfert* [103, S. 25 f.] weist darauf hin, daß in der Depression bei erhöhtem Risikobewußtsein der Kreditgeber als Beurteilungskriterien der Kreditwürdigkeit vor allem wertbeständige Sicherheiten dienen, während in der Hochkonjunktur den Rentabilitätsziffern die größere Bedeutung zukommt.

[123] Vgl. dazu *E. Witte* [189, S. 55 f.].

[124] *H. B. Rose* [137, S. 227].

[125] *H. Langen* [97, S. 45]. So auch *H. Lipfert* [103, S. 20 f.], der in der längeren Ausnutzung der Zahlungsziele ebenfalls ein typisches Merkmal der Rezession sieht.

typischer Unternehmer in den geldpolitisch besonders interessanten Phasen der Hochkonjunktur und der konjunkturellen Depression sind wir einer angemessenen konjunkturpolitischen und speziell geldpolitischen Bewertung des Lieferantenkredits zwar näher gekommen; aber eine abschließende Beurteilung ergibt sich daraus noch nicht, weil die wichtigsten Bestimmungsgründe für die Veränderungen des Lieferantenkredits nach verschiedenen Richtungen wirken.

Wenn der Einfluß der Richtung der Erwartungen überwiegt, wird der Lieferantenkredit in einer Phase der Hochkonjunktur relativ zunehmen und in einer Phase der Depression relativ abnehmen; der Lieferantenkredit würde dann die konjunkturellen Ausschläge verstärken. Wenn in der Hochkonjunktur bei voll ausgelasteten Kapazitäten die zunehmende Unsicherheit bezüglich der Dauer und der Wirkung der Geldpolitik überwiegt und in der Depression bei unausgelasteten Kapazitäten der Einfluß der intensiveren Absatzbemühungen, wird der Lieferantenkredit in einer Phase der Hochkonjunktur relativ abnehmen und in einer Phase der Depression relativ zunehmen; der Lieferantenkredit würde in diesem Falle einen positiven Beitrag zur Stabilisierung der Konjunktur leisten.

Die geldpolitische Bewertung des Lieferantenkredits muß danach erfolgen, ob die Veränderungen der Lieferantenkredite eine Störung oder eine Unterstützung der offiziellen Geldpolitik bedeuten, die entsprechend ihrem Stabilisierungsauftrag in Phasen der Hochkonjunktur restriktiv oder liquiditätsvermindernd und in Phasen der Depression expansiv oder liquiditätsvermehrend ausgerichtet ist. Eine relative Zunahme des Lieferantenkredits in der Hochkonjunktur bei gleichzeitig restriktiver Geldpolitik und eine relative Abnahme der Lieferantenkredite in der Depression bei gleichzeitig expansiver Geldpolitk würden der offiziellen Geldpolitik also entgegenwirken; eine relative Abnahme des Lieferantenkredits in der Hochkonjunktur und eine relative Zunahme in der Depression würden die offizielle Geldpolitik unterstützen.

Nur eine empirische Untersuchung wird einige Klarheit darüber bringen können, welche Faktoren in der Vergangenheit mit welcher Stärke relative Veränderungen der Lieferantenkredite bewirkt haben. Da die Unternehmen verschiedener Branchen wahrscheinlich eine unterschiedliche Lieferantenkreditpolitik betreiben in dem Sinne, daß einige der offiziellen Geldpolitik entgegenwirken, andere sich neutral verhalten und eine dritte Gruppe der offiziellen Geldpolitik folgt, soll neben der Gesamtanalyse eine Branchenanalyse des Lieferantenkreditverhaltens vorgenommen werden.

Die folgende empirische Untersuchung soll herausfinden, welche Einflüsse die Liquiditätslage der Unternehmen, die Absatzerwartungen, die Kapazitätsauslastung und die geldpolitischen Maßnahmen auf die Höhe der Lieferantenkredite der westdeutschen Aktiengesellschaften in der Zeit von 1950 bis 1967 hatten.

3. Empirische Untersuchung der Beziehungen zwischen dem Lieferantenkredit und der Geldpolitik

3.1. Die Hypothesen für die empirische Analyse

3.1.1. Allgemeines

Die in der geldpolitischen Diskussion um den Lieferantenkredit besonders heftig umstrittene Frage lautet: Werden die Lieferantenkredite gerade dann besonders zunehmen, wenn geldpolitische Maßnahmen zur Dämpfung der wirtschaftlichen Aktivität eingesetzt werden, und wird so die Wirkung einer tatsächlichen — oder zumindest beabsichtigten — Beschränkung in der Zunahme der Bankkredite ganz oder teilweise zunichte gemacht?

Wie oben bereits ausgeführt, läßt sich diese Frage in der theoretischen Diskussion nicht eindeutig beantworten.

Eine eingehende empirische Untersuchung bietet immerhin die Aussicht auf eine wenigstens relative Lösung des Problems, wobei das „relativ“ andeuten soll, daß die hier gefundene Lösung selbstverständlich nur für den in unsere Untersuchung einbezogenen Kreis von Unternehmen, nur für den hier behandelten Beobachtungszeitraum und nur mit den für Wahrscheinlichkeitsaussagen üblichen Einschränkungen gelten kann. Bedenkt man weiterhin, daß unser Datenmaterial durchaus nicht als vollkommen angesehen werden kann, so wird klar, daß alle Schlußfolgerungen aus unseren Ergebnissen nur mit der allergrößten Vorsicht und Zurückhaltung gezogen und beurteilt werden können.

Das Problem ist für unsere folgende empirische Analyse zunächst allgemein zu formulieren: Zeigen sich außergewöhnliche Veränderungen der Lieferantenkredite im Zusammenhang mit Änderungen der offiziellen Geldpolitik; reagieren also die Unternehmen in ihrem Kreditverhalten in besonderer Weise auf liquiditätseinschränkende oder liquiditätsausweitende Maßnahmen der offiziellen Geldpolitik?

Kann diese Frage nicht bejaht werden, da sich ein solcher Zusammenhang nicht zeigt, wie etwa Coates nach seinen Untersuchungen für England meint[126], so muß — immer unter den Einschränkungen, die gegenüber den Ergebnissen dieser und jeder empirischen Untersuchung angebracht sind — die Hypothese, die von einem systematischen Zusammenhang zwischen der Richtung der offiziellen Geldpolitik und der Höhe der Lieferantenkredite ausgeht, zurückgewiesen werden.

Beobachten wir aber einen systematischen Zusammenhang, so interessiert für die geldpolitische Diskussion die Richtung der Veränderung. Wenn der Liefe-

[126] *J. B. Coates* [27, S. 119 f.].

rantenkredit in einer Phase restriktiver Geldpolitik außergewöhnlich zunimmt, wie Brechling und Lipsey nach ihrer Untersuchung für England glauben[127], so wird damit der Intention der Zentralbank entgegengewirkt, die offizielle Geldpolitik wird gestört. Nimmt der Lieferantenkredit in einer Restriktionsphase aber außergewöhnlich stark ab, wie Dow[128] und Harrod[129] vermuten, so vergrößert das die Effizienz der geldpolitischen Maßnahmen; das Kreditverhalten der Unternehmen paßt sich den Intentionen der Zentralbank an, und die Stabilisierungsaufgabe der Zentralbank wird damit erleichtert.

Da die Unternehmen verschiedener Größe und verschiedener Branchen entsprechend der unterschiedlichen Bedeutung des Lieferantenkredits vermutlich auch ein unterschiedliches Kreditverhalten aufweisen und wahrscheinlich unterschiedlich auf geldpolitische Maßnahmen reagieren, sollen die theoretisch entwickelten ökonomischen Hypothesen für Unternehmen verschiedener Größe und verschiedener Wirtschaftsgruppen getestet werden[130].

3.1.2. Die abhängigen Variablen

Für die Überprüfung der verschiedenen Hypothesen über die Beziehungen zwischen dem Lieferantenkredit und der offiziellen Geldpolitik wird es notwendig, die „außergewöhnlichen" Veränderungen des Lieferantenkredits von den „gewöhnlichen" zu trennen.

Diese Trennung wird notwendig, da die Vergabe von Lieferantenkrediten nicht nur, ja nicht einmal in erster Linie dem Wunsch entspringt, eine wie immer geartete aktive Kreditpolitik zu betreiben. Zunächst und vor allem entsteht der Lieferantenkredit natürlich bei der Abwicklung der Umsatztätigkeit. Die für unseren Untersuchungszweck besonders wichtigen „außergewöhnlichen" Lieferantenkredite müssen also von den „gewöhnlichen", umsatzbedingten Lieferantenkrediten getrennt werden.

Aus der früher dargestellten Art des Entstehens der Lieferantenkredite beim Kauf bzw. Verkauf von Gütern und Dienstleistungen ergibt sich sehr deutlich die enge Verknüpfung des gewährten Lieferantenkredits mit den Umsätzen; zumal sich die Größe, die neben den Umsätzen die Höhe des Lieferantenkredits bestimmt, die Länge der branchenüblichen durchschnittlichen Kreditperiode, wie eingehende Befragungen für England und Schweden gezeigt haben, im Branchendurchschnitt kaum ändert[131]. K. Engelen berichtet im Anschluß an eingehende empirische Studien in den Vereinigten Staaten, daß zwar allgemein eine große

[127] *F. P. R. Brechling* and *R. G. Lipsey* [15, S. 641].
[128] *J. C. R. Dow* [35, S. 324].
[129] *R. F. Harrod,* Principal Memoranda of Evidence (Committee on the Working of the Monetary System), Vol. 3, London 1960, S. 110.
[130] Branchenmäßige Unterschiede im Lieferantenkreditverhalten deutet aus betriebswirtschaftlicher Sicht *G. Bringmann* an [17, S. 62 ff.]; unterschiedliches Kreditverhalten von großen und kleinen Unternehmen in verschiedenen geldpolitischen Phasen vermutet, wie oben dargelegt, *A. H. Meltzer.*
[131] *H. B. Rose* [137, S. 222]; *B. Hansen* und *T. Nilsson* [69, S. 107].

Vielfalt in den Zahlungsbedingungen herrscht, daß die Zahlungsbedingungen für die einzelnen Wirtschaftsgruppen aber recht einheitlich und im Zeitverlauf relativ konstant sind; die einmal akzeptierten, branchenüblichen Bedingungen werden kaum geändert[132].

Der Zusammenhang zwischen den empfangenen Lieferantenkrediten und den Umsätzen ist nicht so deutlich. Die empfangenen Lieferantenkredite hängen direkt vor allem von den getätigten Einkäufen des betreffenden Unternehmens ab, und es wäre daher theoretisch exakter, diese beiden Größen miteinander in Beziehung zu setzen. In der Praxis sind jedoch die getätigten Käufe eines Unternehmens nicht zu ermitteln, so daß auch für die empfangenen Kredite die Umsätze als wichtigster Bestimmungsfaktor herangezogen werden. Zumindest indirekt besteht dieser Zusammenhang ohnehin; die Umsätze sind also auch für die Erklärung der empfangenen Lieferantenkredite mehr als eine statistische Hilfsgröße der getätigten Einkäufe.

Die letzten Zweifel an dem engen Zusammenhang zwischen beiden Formen des Lieferantenkredits und den Umsätzen schwinden, wenn man die in der folgenden *Tabelle* 2 wiedergegebene Verteilung der Korrelationskoeffizienten aus Korrelationen zwischen den gewährten bzw. empfangenen Lieferantenkrediten und den Umsätzen einzelner Aktiengesellschaften für 21 Wirtschaftszweige in der Bundesrepublik Deutschland über den Zeitraum von 1960 bis 1967 betrachtet. Die *Tabelle* 2 zeigt deutlich, daß tatsächlich die Veränderung der Lieferantenkredite, von wenigen Ausnahmen abgesehen, überwiegend durch Veränderungen der Umsätze „erklärt" wird. Die Höhe der Korrelationskoeffizienten deutet an, wie stark das Umsatzmoment dominiert.

Tabelle 2: Verteilung der Korrelationskoeffizienten aus Korrelationen zwischen gewährtem (LK_g) bzw. empfangenem (LK_e) Lieferantenkredit und den Umsätzen von 21 Wirtschaftsgruppen*

Klassenbreite	*Zahl der Fälle*	
	LK_g	LK_e
$1{,}00 > r > 0{,}90$	18	13
$0{,}90 \geqq r > 0{,}70$	2	5
$0{,}70 \geqq r > 0{,}60$	1	3

* Zu den Wirtschaftsgruppen und den Quellen des statistischen Materials vgl. die Ausführungen S. 56 ff.

Daß dabei die Korrelationskoeffizienten für die gewährten Lieferantenkredite in 18 von 21 Fällen größer sind als die für die empfangenen Kredite — was sich auch in der Verteilung der Korrelationskoeffizienten andeutet — ist nicht unbedingt ein Zeichen dafür, daß die Umsätze mit den empfangenen Krediten weniger eng verknüpft sind als die getätigten Einkäufe. Auch Brechling und Lipsey, die aufgrund besserer Informationen für einzelne englische Unternehmen

[132] *K. Engelen* [42, S. 90 ff.].

den Zusammenhang zwischen den empfangenen Krediten und den getätigten Einkäufen schätzen können, erhalten für diese Schätzung im Durchschnitt erheblich niedrigere Korrelationskoeffizienten als für die Schätzung des Zusammenhangs zwischen den gewährten Krediten und den Umsätzen[133]. Der Grund für den Unterschied in den Korrelationskoeffizienten ist eher darin zu sehen, daß die „außergewöhnlichen" Veränderungen beim empfangenen Kredit einen größeren Anteil ausmachen; zwar dominiert auch bei den empfangenen Krediten das Umsatzmoment, aber andere Einflußfaktoren haben wahrscheinlich ein relativ größeres Gewicht als bei den gewährten Lieferantenkrediten.

Die „gewöhnlichen" Veränderungen des Lieferantenkredits erklären sich aus Veränderungen der Umsätze. Wenn also der Einfluß der Umsatzentwicklung isoliert werden kann, bleiben die „außergewöhnlichen" Veränderungen zurück, d. h. solche, die auf andere Einflußfaktoren zurückgehen.

Es bleibt zu erörtern, wie der Einfluß der Umsatzentwicklung isoliert werden könnte und welcher Weg hier beschritten wird.

Brechling und Lipsey schätzen zunächst eine lineare Regressionsbeziehung mit den gewährten bzw. den empfangenen Lieferantenkrediten als abhängigen und den Umsätzen bzw. den Einkäufen der Unternehmen als unabhängigen Variablen und untersuchen dann die Residuen auf systematische Zusammenhänge mit geldpolitischen Größen. Die Autoren beschränken sich bei dieser Analyse der Residuen zwar auf eine rein graphische Methode, aber das verringert nicht die Problematik dieses Vorgehens. Wenn Brechling und Lipsey Anlaß zu der Vermutung hatten, daß ein Zusammenhang zwischen der Höhe des Lieferantenkredits und geldpolitischen Variablen existiert, wäre ein multipler Regressionsansatz am Platze gewesen. Es geht nicht an, die Reihe der Residuen aus Einfachkorrelationen auf einen Zusammenhang mit vorher nicht erfaßten, vermutlich aber systematisch wirkenden Größen hin zu untersuchen. Für eine ökonometrische Analyse mit Hilfe der Regressionsrechnung kann dieses Verfahren von Brechling und Lipsey nicht angewendet werden, da das Vorhandensein weiterer systematischer, im ersten Ansatz nicht explizit berücksichtigter Einflußgrößen in der Regel zu verzerrten Koeffizientenschätzungen und damit auch zu verzerrten Residuen führt.

Einen anderen Weg als Brechling und Lipsey gehen Coates und Junk, deren Arbeiten früher besprochen wurden. Um Veränderungen des Lieferantenkredits auszuschalten, die auf Variationen der Umsätze zurückgehen, bilden sie Relationen zwischen den gewährten bzw. empfangenen Lieferantenkrediten und den Umsätzen. Die Veränderungen dieser Relationen werden als „außergewöhnliche" Veränderungen interpretiert, in dem Sinne, daß sie nicht umsatzbedingt sind. Dieses Verfahren werden wir ebenfalls anwenden, weil es ökonomisch-theoretisch und statistisch-methodisch unserer Intention der Isolierung des dominierenden Umsatzeinflusses auf die Lieferantenkredite von den anderen Einfluß-

[133] *F. P. R. Brechling* and *R. G. Lipsey* [16, S. 632].

faktoren am nächsten kommt. Außerdem hat die Verwendung von Relationen bei der Regressionsanalyse den Vorteil, daß die ausgeprägten Trends in den Einzelgrößen weitgehend ausgeschaltet werden.

3.1.3. Die unabhängigen Variablen

Die nach Ausschaltung der Umsatzeinflüsse verbleibenden außergewöhnlichen Veränderungen des Lieferantenkredits sollen im folgenden auf ihre Beziehungen zu systematisch wirkenden Einflußfaktoren untersucht werden, insbesondere daraufhin, ob sie mit Veränderungen der wichtigsten geldpolitischen Instrumentvariablen verknüpft sind.

Als mögliche Einflußfaktoren können, wie die theoretische Diskussion gezeigt hat, neben geldpolitischen Variablen die Unternehmererwartungen und der Grad der Auslastung der Produktionskapazität gelten. Die theoretischen Zusammenhänge zwischen dem Lieferantenkredit und diesen Größen wurden ausführlich dargelegt. Welche Rolle sie in der Praxis spielen, soll die folgende Untersuchung zeigen.

Da für den möglichen Einfluß der Geldpolitik auf die Höhe des gewährten Lieferantenkredits die relative Liquiditätsposition des Kreditgebers und für den Einfluß auf die Höhe der Lieferantenkreditaufnahme die relative finanzielle Anspannung des Kreditnehmers ebenfalls eine Rolle spielen könnten, sollen auch diese Variablen auf ihre tatsächliche Bedeutung für den Lieferantenkredit untersucht werden. Die Zusätze „relativ" sollen anzeigen, daß auch bei der Liquiditätsposition und bei der finanziellen Anspannung die gewöhnlichen Einflüsse der Geschäftsentwicklung auszuschalten sind. Auch hier wird die Trennung in gewöhnliche und außergewöhnliche Einflüsse durch den Bezug auf die Höhe der Umsätze erreicht. Die relative Liquiditätsposition soll durch das Verhältnis der vorhandenen liquiden Mittel zu den Umsätzen, die relative finanzielle Anspannung des Kreditnehmers durch das Verhältnis der Lagerhaltung zu den Umsätzen wiedergegeben werden. Dieser letzten Annahme liegt die Hypothese zugrunde, daß die empfangenen Lieferantenkredite vor allem zur Finanzierung der Lagerhaltung dienen.

Es könnte überraschen, daß keine Preisvariable zur „Erklärung" der Lieferantenkredite herangezogen wird. Wenn man annehmen darf, daß sich Änderungen im Lieferantenkreditverhalten der Unternehmen kaum in Änderungen der einmal akzeptierten, branchenüblichen Zahlungsbedingungen niederschlagen – und nach den bisher vorliegenden Befragungen in England, Schweden und in den USA, auf die bereits hingewiesen wurde, erscheint diese Annahme berechtigt –, kann auf die Einführung einer Preisvariablen verzichtet werden; denn Änderungen der Kreditpolitik, die vor allem in einer mehr oder weniger strengen Überwachung und Durchsetzung der üblichen Zahlungsziele bestehen, sollten sich in den außergewöhnlichen Veränderungen des Lieferantenkredit*volumens* niederschlagen[134].

Man könnte an dieser Stelle fragen, ob es für die Lösung unseres Problems nicht zweckmäßig wäre, wenn im folgenden neben den Veränderungen des Lieferantenkredit*volumens* die möglichen Veränderungen in der *Qualität* der Lieferantenkredite analysiert würden. Selbstverständlich könnten auch von zyklischen Veränderungen in der *Qualität* der Lieferantenkredite – und damit in ihrem Liquiditätsgrad – bedeutsame makroökonomische Effekte auf den Zinssatz, das Einkommen und das Preisniveau ausgehen. So vertreten beispielsweise G. H. Moore[135] und D. S. Thompson[136] die Auffassung, daß sich die Qualität der Kredite in Boomphasen verschlechtere und in Rezessionsphasen verbessere. Sie begründen ihre Meinung mit der starken Zunahme der Kredite im Aufschwung bei allgemeinem Optimismus und weniger strengen Kreditanforderungen; dagegen erhöhe sich in der Rezession das Risikobewußtsein des Kreditgebers, er werde vorsichtiger und zurückhaltender, da eine schlechtere Gewinnlage bekanntlich die Kredittilgung hinauszögere.

Diese These von den zyklischen Schwankungen in der Qualität der Lieferantenkredite kann für die BRD mangels statistischer Daten nicht geprüft werden. Wir besitzen weder Angaben über die größenmäßige Zusammensetzung und die Restlaufzeiten der Buchforderungen, noch Angaben über Zielüberschreitungen und Wertberichtigungen auf Buchforderungen[137].

3.2. Die statistische Methode und die allgemeinen Ansätze

Die Analyse von Art, Richtung und Strammheit eines eventuell vorhandenen Zusammenhangs zwischen den abhängigen Größen gewährte bzw. empfangene Lieferantenkredite und den entsprechend unseren theoretischen Hypothesen unabhängigen Variablen erfolgt mit Hilfe der Regressions- und Korrelationsrechnung.

Auf die wahrscheinlichkeitstheoretischen Voraussetzungen und auf die Methodik der Schätzung und statistischen Überprüfung von Regressions- und Korrelationsparametern soll hier nicht eingegangen werden.

Die allgemeinen Regressionsansätze für die folgende Untersuchung lauten[138]:

[134] Auf die praktische Schwierigkeit, eine Preisvariable für den Lieferantenkredit zu finden, die auch nur einigermaßen genau die Vielzahl der unterschiedlichen Zahlungsbedingungen wiedergibt, sei hier nur hingewiesen.

[135] *G. H. Moore* [119, S. 288 ff.].

[136] *D. S. Thompson* [166, S. 304 f.].

[137] Einen umfassenden Katalog der wünschenswerten Informationen zur Erfassung der Quantität und der Qualität der Lieferantenkredite findet der Leser bei *K. Engelen* [42, S. 30 ff.].

[138] Diese Ansätze haben sich nach einer Reihe von Versuchen mit anderen erklärenden Variablen, auf die weiter unten (S. 71 f.) näher eingegangen wird, als die ökonomisch-theoretisch und statistisch sinnvollsten herausgestellt.

$$(1)\quad \left(\frac{LK_g}{U}\right)_t^i = a_o^i + a_1^i G_t + a_2^i E_t^i + a_3^i K_t^i + a_4^i \left(\frac{L}{U}\right)_t^i + u_t^i$$

$$(i = 1, \ldots, n)$$
$$(t = 1, \ldots, T)$$

$$(2)\quad \left(\frac{LK_e}{U}\right)_t^i = b_o^i + b_1^i G_t + b_2^i E_t^i + b_3^i K_t^i + b_4^i \left(\frac{V}{U}\right)_t^i + v_t^i$$

$$(i = 1, \ldots, n)$$
$$(t = 1, \ldots, T)$$

Es bezeichnen:

LK_g^i	die gewährten Lieferantenkredite der Wirtschaftsgruppe i
LK_e^i	die empfangenen Lieferantenkredite der Wirtschaftsgruppe i
U^i	die Umsätze der Wirtschaftsgruppe i
G	die geldpolitische Variable
E^i	die Absatzerwartungen der Wirtschaftsgruppe i
K^i	die Kapazitätsauslastung in der Wirtschaftsgruppe i
L^i	die liquiden Mittel der Wirtschaftsgruppe i
V^i	die Lagerhaltung der Wirtschaftsgruppe i

3.3. Das statistische Material und seine Probleme

3.3.1. Die statistischen Quellen, die Wirtschaftsgruppen, der Untersuchungszeitraum

Wir sind bei der empirischen Analyse des Lieferantenkredits auf publiziertes Datenmaterial angewiesen. Das bedeutet für eine spezielle Untersuchung des Lieferantenkredits in der Bundesrepublik Deutschland, daß nur die Angaben der westdeutschen Aktiengesellschaften verwendet werden können.

Das Statistische Bundesamt veröffentlicht seit 1953 jährlich die Ergebnisse der Bilanzstatistik von 2000 der insgesamt ca. 2500 Aktiengesellschaften in der Bundesrepublik Deutschland[139]. Dieser Bilanzstatistik liegen die Pflichtveröffentlichungen der Aktiengesellschaften im Bundesanzeiger zugrunde ohne Begrenzung nach der Höhe des Grundkapitals oder nach anderen Größenmerkmalen.

Der Publikation des Statistischen Bundesamtes, die als eine exakte, unvoreingenommene und – was für unser Ziel der Untersuchung des Bruttolieferantenkredite besonders wichtig ist – unkonsolidierte Wiedergabe fast aller von den Unternehmen selbst publizierten Bilanzen angesehen werden darf, sind die in

[139] Die Ergebnisse der Bilanzstatistik der Geschäftsjahre 1948/49 bis 1959 sind in der Reihe „Statistik der Bundesrepublik Deutschland“ erschienen, die Ergebnisse der Geschäftsjahre ab 1960 erscheinen in der Fachserie C (Unternehmen und Arbeitsstätten), Reihe 2 (Kapitalgesellschaften), I (Abschlüsse der Aktiengesellschaften).

der vorliegenden Untersuchung verwendeten Angaben über die gewährten und empfangenen Lieferantenkredite, die Lagerhaltung, die liquiden Mittel, die kurzfristigen Bankkredite, die Umsätze und die Roherträge der folgenden 21 Wirtschaftsgruppen entnommen*:

1. Bergbau	(110, 111/9)
2. Energiewirtschaft	(100,5, 101, 103, 107)
3. Chemische Industrie	(200, 2004, 204, 205, 210, 215)
4. Steine und Erden, Zement	(220, 2202)
5. Feinkeramik, Glasindustrie	(224, 227)
6. Eisen- und Stahlerzeugung	(23, 0, 4, 8/9)
7. NE-Metalle	(232, 6)
8. Stahl- und Leichtmetallbau	(240)
9. Maschinenbau	(242)
10. Fahrzeugbau	(244, 8)
11. Elektrotechnik	(250)
12. Feinmechanik und Optik	(252/4)
13. EBM-Waren, Spielwaren	(256, 258)
14. Papiererzeugung und -verarbeitung	(264, 265/8)
15. Ledererzeugung und -verarbeitung	(270, 271/2)
16. Textil- und Bekleidungsgewerbe	(275, 276)
17. Brauerei und Mälzerei	(293)
18. Nahrungs- und Genußmittelgewerbe	(281, 285, 2947, 28/9)
19. Baugewerbe	(3)
20. Großhandel	(40/2)
21. Einzelhandel	(43)

* Die Zahlen in Klammern geben die Nummern der Wirtschaftsgruppen nach der ab 1962 geltenden Systematik des Statistischen Bundesamtes an.

Die Untersuchung umfaßt den Zeitraum von 1950 bis 1967. Bilanzstatistische Angaben für 1968 lagen bis zur Fertigstellung des Manuskripts (April 1970) noch nicht vor. Die publizierten Daten für 1949 sind nicht verwendbar, weil diese Angaben für 1521 (= 72 v. H.) der erfaßten Aktiengesellschaften aus einem verlängerten Geschäftsjahr von 18 Monaten stammen, das sich aus dem Rumpfjahr 1948 und dem Geschäftsjahr 1949 zusammensetzt.

Der Beobachtungszeitraum 1950 bis 1967 ist für die Analyse unserer Probleme geeignet, weil er vier vollständige geldpolitische Zyklen enthält, nämlich die Jahre und Phasen neutraler und expansiver Geldpolitik 1950, 1952 bis 1955, 1956 bis 1959, 1960 bis 1965, 1967 und die vier Phasen kontraktiver Geldpolitik 1951/52, 1955/56, 1959/60, 1965/66.

3.3.2. Die Probleme des statistischen Materials

3.3.2.1. Die Beschränkung auf Aktiengesellschaften

Bevor wir auf die besonderen Probleme des verwendeten Zahlenmaterials der Bilanzstatistik eingehen, sollen einige Bemerkungen zu der aus statistischen Gründen notwendigen Beschränkung unserer Analyse auf den Lieferantenkredit der Aktiengesellschaften gemacht werden.

Es wäre zweifellos ebenso interessant und insgesamt volkswirtschaftlich ebenso bedeutsam, das Kreditverhalten der Unternehmen anderer Rechtsformen zu untersuchen. Aber auch das Statistische Bundesamt selbst verfügt über keine entsprechenden Daten, so daß vorläufig nur der beschränkte Teilbereich der Aktiengesellschaften in bezug auf den Lieferantenkredit erforscht werden kann[140]. Das ist bedauerlich, aber nicht fragwürdig, solange man sich der damit gleichzeitig verbundenen Beschränktheit des Geltungsbereiches der Ergebnisse bewußt ist.

Die Deutsche Bundesbank veröffentlichte im Dezember 1968 und im März 1970 erstmals die Ergebnisse einer internen Aufbereitung der bei den Zweiganstalten der Landeszentralbanken vorhandenen Jahresabschlüsse für die Jahre 1965, 1966, 1967. Die statistische Aufbereitung umfaßt insgesamt 44 500 Unternehmen aller Rechtsformen aus verschiedenen Wirtschaftszweigen[141].

Diese Statistik der Deutschen Bundesbank könnte die Ergebnisse der Aktienbilanzstatistik in glücklicher Weise ergänzen, wenn sie in Zukunft in ähnlich disaggregierter Form wie die Bilanzstatistik des Statistischen Bundesamtes und ebenso regelmäßig vorgelegt würde.

Die bisherigen Angaben der Deutschen Bundesbank sind für unsere empirischen Untersuchungen nicht verwertbar. Denn ob in den für 1965, 1966 und 1967 beobachteten Veränderungen der kurzfristigen Forderungen und Verbindlichkeiten systematische, konjunkturelle Bewegungen zu sehen sind, läßt sich nach den wenigen, vorliegenden Angaben noch nicht sagen.

Die Größenverteilung der hier erfaßten Unternehmen ist, gemessen an der Verteilung aller Unternehmen, sicher nicht normal: Bei den Aktiengesellschaften überwiegt der Anteil der großen Unternehmen.

Daß aber die Bilanzstatistik auch kleinere und mittlere Gesellschaften erfaßt und daß diese in einzelnen Sektoren eine beachtliche Rolle spielen, zeigt die *Tabelle 3*, in der die Besetzung verschiedener Größenklassen für die hier verwendeten Wirtschaftsgruppen wiedergegeben ist[142].

140 Eine Einbeziehung auch der Gesellschaften mit beschränkter Haftung in die Bilanzstatistik wird vom Statistischen Bundesamt angestrebt.

141 Monatsberichte der Deutschen Bundesbank, Die Jahresabschlüsse von Unternehmen für 1965 und 1966, 20. Jg. (1968), Nr. 11/12, S. 21 ff. und Die Jahresabschlüsse von Unternehmen für 1967, 22. Jg. (1970), Nr. 3, S. 15 ff. Nach diesen Veröffentlichungen der Deutschen Bundesbank wird erst ganz deutlich, welche wertvollen Daten seit vielen Jahren zwar vorhanden, aber für die wissenschaftliche Forschung nicht zugänglich sind und daher nicht ausgewertet werden.

142 Der Verfasser dankt Herrn Diplom-Volkswirt *H. Hansen* vom Statistischen Bundes-

Tabelle 3: Aufteilung der in der Bilanzstatistik erfaßten Aktiengesellschaften nach Bilanzsummen – Größenklassen, nach Wirtschaftsgruppen, Stand 1965

Bilanzsumme über ... bis einschl. ... Mill. DM	bis 3	3–10	10–50	50–250	über 250
1. Bergbau	1	4	4	18	16
2. Energie	11	9	25	39	27
3. Chemie	10	29	32	35	17
4. Steine, Zement	15	19	25	3	3
5. Feinkeramik, Glas	5	10	16	6	
6. Eisen und Stahl	3	17	17	16	18
7. NE-Metalle	1	2	7	5	4
8. Stahlbau		2	9	8	1
9. Maschinenbau	8	23	58	37	9
10. Fahrzeugbau	2	1	5	5	8
11. Elektrotechnik	6	4	22	11	8
12. Feinmechanik, Optik	5	4	7	4	
13. EBM-Waren	6	18	19	4	
14. Papier	13	14	17	3	2
15. Leder	2	8	10	1	
16. Textil, Bekleidung	12	37	71	14	1
17. Brauerei	24	54	46	11	
18. Nahrung und Genuß	17	27	49	11	2
19. Baugewerbe	6	8	13	12	1
20. Großhandel	42	22	32	5	3
21. Einzelhandel	5	5	7	3	3
Alle erfaßten Aktiengesellschaften	409	441	596	319	150

Zusammengestellt nach einer unveröffentlichten Sonderaufbereitung des Statistischen Bundesamtes aus dem Jahre 1967.

Auch die Aufspaltung in verschiedene Wirtschaftsgruppen ändert an der beschränkten Aussagefähigkeit unserer Ergebnisse nur wenig. Die Bedeutung der Aktiengesellschaften ist in den verschiedenen Sektoren sehr unterschiedlich. In Bereichen mit hohem Kapitalbedarf, etwa im Bergbau, in der Energiewirtschaft, in der Eisen- und Stahlindustrie, steht diese Rechtsform im Vordergrund; in anderen Bereichen, in denen neben den Großbetrieben die mittleren und kleinen Unternehmen weiterhin einen bedeutenden Platz einnehmen, z. B. im Baugewerbe, im Groß- und Einzelhandel, haben entsprechend andere Rechtsformen das Übergewicht.

Die Angaben der Deutschen Bundesbank über die Bilanzsummen aller in der Bundesrepublik ansässigen Unternehmen verschiedener Rechtsformen in einzelnen Wirtschaftsgruppen ermöglichen eine differenziertere Aussage als die der Deutschen Bundesbank über das Gewicht der Aktiengesellschaften im Vergleich zu den Unternehmen anderer Rechtsformen. Die Bundesbank stellt fest, daß Ende 1967 etwa ein Drittel der Bilanzsumme aller Unternehmen auf Aktiengesellschaften entfällt und daß daher die Unternehmen anderer Rechtsformen, „wie

amt in Wiesbaden für die Überlassung des Zahlenmaterials für diese und die folgende Tabelle.

die Verteilung der Bilanzsummen erkennen läßt, in der deutschen Wirtschaft ein erhebliches Gewicht" haben[143].

Differenziert man bei dem Vergleich der Bilanzsummen der Aktiengesellschaften und der Unternehmen anderer Rechtsformen nach Wirtschaftsgruppen, so ergibt sich das Bild der *Tabelle 4*.

Tabelle 4: Aufteilung der von der Deutschen Bundesbank für Ende 1967 geschätzten Bilanzsumme der deutschen Wirtschaft (in v. H.).

Wirtschaftsgruppe	Aktiengesellschaften	Unternehmen anderer Rechtsformen
Chemische Industrie	49,7	50,3
Eisen- und Stahlindustrie	86,0	14,0
Maschinenbau	36,1	63,9
Fahrzeugbau	69,2	30,8
Elektroindustrie	51,6	48,4
EBM-Waren	6,1	93,9
Textilindustrie	21,1	78,9
Nahrungs- und Genußmittel	11,5	88,5
Baugewerbe	8,0	92,0
Großhandel	5,7	94,3
Einzelhandel	5,3	94,7

Es wird damit zwar bestätigt, daß die Unternehmen anderer Rechtsformen ein erhebliches Gewicht haben; es zeigt sich aber, wie unterschiedlich die Bedeutung der Aktiengesellschaften in den einzelnen Bereichen ist.

Ein ähnliches Bild ergibt sich, wenn man anstelle der Bilanzsummen die Umsätze der hier erfaßten Aktiengesellschaften und der Unternehmen anderer Rechtsformen gegenüberstellt. Die *Tabelle 5* vermittelt eine Vorstellung davon,

Tabelle 5: Gesamtumsatz und Umsatz der westdeutschen Aktiengesellschaften nach der Bilanzstatistik des Statistischen Bundesamtes in verschiedenen Wirtschaftsgruppen, 1966.

Wirtschaftsgruppen	alle Rechtsformen (Mrd. DM)	Aktiengesellschaften (Mrd. DM)	Aktiengesellschaften (v. H.)
1 Bergbau	16,4	12,8	76,8
2 Energie	62,2	13,6	21,6
3 Chemie	52,3	36,5	69,8
4, 5 Steine, Keramik, Zement	18,3	4,3	23,5
6, 7 Eisen, Stahl, NE-Metalle	52,7	29,0	55,0
8, 9, 10 Stahl-, Maschinen-, Fahrzeugbau	87,3	37,7	43,2
11, 12 Elektro, Feinmechanik, Optik	58,2	17,1	29,4
14 Papier, Druck	34,3	2,3	6,7
15, 16 Leder, Textil, Bekleidung	39,3	5,8	14,7
17, 18 Brauerei, Nahrung und Genuß	64,2	9,0	14,0
19 Baugewerbe	22,7	3,5	15,4
20 Großhandel	240,7	10,8	4,5
21 Einzelhandel	140,0	7,4	5,3
Alle Gesellschaften	1092,0	203,8	18,7

Quellen: Statistisches Jahrbuch für die BRD, 1968, S. 410 f.; Statistisches Bundesamt, Fachserie C 2/I, Jg. 1966, S. 36.

[143] Die Jahresabschlüsse von Unternehmen für 1967, loc. cit., S. 15 f.

welchen Repräsentationsgrad, gemessen an den Umsätzen, die in unsere Untersuchung einbezogenen Gesellschaften in den verschiedenen Wirtschaftsgruppen erreichen.

Trotz des relativ hohen Repräsentationsgrades der Aktienbilanzstatistik können unsere Ergebnisse also nicht typisch sein für die Gesamtwirtschaft und auch nicht typisch für alle der hier betrachteten Wirtschaftsbereiche. Aber sie sind auf jeden Fall typisch für die westdeutschen Aktiengesellschaften; denn in der verwendeten Bilanzstatistik sind 90 v. H. aller registrierten Aktiengesellschaften erfaßt, die 98 v. H. des Nominalkapitals aller Aktiengesellschaften repräsentieren. Und unsere Ergebnisse sind brauchbar auch für die Sektoren, in denen die Aktiengesellschaften ein starkes Übergewicht haben.

3.3.2.2. *Die Verwendung der Bilanzstatistik*

Als problematisch könnte die Verwendung von Bilanzwerten angesehen werden.

Es ist bekannt, daß einzelne Unternehmen teilweise erhebliche „Investitionen" in liquiden Mitteln vornehmen, um ein günstiges Bilanzbild zu erzielen[144]. So liegt die Vermutung nahe, daß in den Bilanzen die Liefer- und Leistungsverbindlichkeiten unterbewertet, die liquiden Mittel und die Liefer- und Leistungsforderungen überbewertet erscheinen. Neben diesem absichtlichen „window-dressing" können in einzelnen Branchen aus saisonalen Gründen zum Jahresende Verzerrungen in den Bilanzwerten auftreten. Die Steuer- und Dividendentermine werden die Liquiditätslage beeinflussen, das je nach dem Bilanzierungszeitpunkt[145] gerade abgeschlossene oder noch bevorstehende Weihnachtsgeschäft könnte die Lagerhaltung und die Umsatzhöhe in der einen oder anderen Richtung erheblich verändern, und davon könnten entsprechende Wirkungen auf die Höhe der gewährten und empfangenen Lieferantenkredite ausgehen.

Grundsätzlich ist dieser mögliche Einwand berechtigt. Aber einmal ist zu bedenken, daß die genannten Effekte nicht alle gleichgerichtet wirken. Der Liquidisierung durch „window-dressing" und durch die saisonal hohe Umsatztätigkeit stehen durch die Steuer- und Dividendentermine zum Jahresende erhöhte Liquiditätsansprüche gegenüber. Wichtiger noch ist für unsere Untersuchung, daß hier Zeitvergleiche angestellt werden und daß die Verzerrungen in den Bilanzwerten vermutlich in allen Jahren auftreten, so daß die genannten Faktoren zwar das Niveau der Bilanzwerte verzerren, ihre Entwicklung über einen längeren Zeitraum aber kaum beeinflussen können.

[144] Allerdings dürfte das „window dressing" bei Banken und anderen Finanzierungsinstituten eine wesentlich größere Rolle spielen als bei den hier behandelten nichtfinanziellen Unternehmen.

[145] Nach Angaben des Statistischen Bundesamtes wurden für 2038 Aktiengesellschaften zum 31. Dezember 1968 folgende Bilanzstichtage ermittelt: 9,4 % der Gesellschaften bilanzieren zwischen dem 1. Januar und dem 30. Juni, 12,7 % zwischen dem 1. Juni und dem 31. Dezember, 77,9 % zum 31. Dezember. Vgl. Wirtschaft und Statistik, Jg. 1969, Heft 9, S. 513.

Gegen die Verwendung von Bilanzwerten für unser Untersuchungsziel könnte weiter vorgebracht werden, daß die jährlichen Bilanzwerte alle die Variationen der gewährten und empfangenen Lieferantenkredite nicht enthalten, die zwischen den Bilanzstichtagen bereits durch Tilgung vernichtet sind.

Gegen diesen Einwand läßt sich vorbringen, daß die Phasen restriktiver und expansiver Geldpolitik immer über ein Jahr hinausgegangen sind und zu verschiedenen Zeitpunkten innerhalb eines Jahres eingesetzt haben.

Wenn die vier Kontraktionen von Januar 1951 bis Mai 1952, von August 1955 bis September 1956, von September 1959 bis November 1960 und von Januar 1965 bis Dezember 1966 einen Effekt auf die Lieferantenkredite hatten, so wird sich dieser Effekt auch an den jährlichen Bilanzwerten zeigen lassen, so daß von den zwischen den Bilanzstichtagen getilgten und daher nicht erfaßten Lieferantenkrediten kein störender Einfluß auf unsere Ergebnisse zu erwarten ist.

Ein anderes Problem könnte die unterschiedliche Zahl der in der Bilanzstatistik erfaßten Aktiengesellschaften darstellen; die Zahlen schwanken zwischen 1845 und 2061 Aktiengesellschaften. Diese Schwankungen ergeben sich aus dem Verfahrensprinzip des Statistischen Bundesamtes bei der Aufstellung der Bilanzstatistik. Es sollen jeweils die vergleichbaren Abschlüsse der gleichen Gesellschaften einander gegenübergestellt werden, um ein Bild von der unterschiedlichen Entwicklung mindestens zweier Geschäftsjahre zu vermitteln. Daher scheiden jeweils die im Berichtsjahr erloschenen und umgewandelten Aktiengesellschaften bereits mit ihrer Anfangsbilanz aus, und neue Gesellschaften werden erst berücksichtigt, wenn sie zwei Bilanzen veröffentlicht haben. „Das Prinzip der Vergleichbarkeit der Entwicklung hat . . . den Vorrang gegenüber dem Prinzip der Vollständigkeit des Bestandes.“[146]

Insgesamt sind die Schwankungen in der Zahl nicht erheblich. Für uns bedeuten sie kein Problem; die durch eine unterschiedliche Zahl erfaßter Gesellschaften verursachten Veränderungen in den Bilanzwerten entstehen natürlich auch in den Umsatzangaben, so daß nach der Bildung von Relationen, wie wir sie verwenden, die Schwankungen in der Zahl keine Rolle spielen.

Schwierigkeiten der sektoralen Abgrenzung, die sich innerhalb der Bilanzstatistik aus den 1960 und 1962 erfolgten Änderungen in der Systematik der Wirtschaftsgliederung hätten ergeben können, ließen sich durch eine entsprechend umfassendere Gruppenbildung vermeiden.

Der Übergang zur freien Konvertibilität der Deutschen Mark Ende 1958 gilt als Markstein in der Währungsgeschichte der Nachkriegszeit. Dieses Ereignis könnte auch für unsere statistischen Reihen dadurch eine besondere Bedeutung erlangt haben, daß von diesem Zeitpunkt an die Aufrechnung oder Verrechnung von Forderungen einer Zahlung gleichstanden[147] und daß der Zahlungsverkehr

[146] Statistisches Bundesamt, Die Abschlüsse der Aktiengesellschaften für das Geschäftsjahr 1958, Bd. 250, S. 5.

[147] Vgl. Nr. 3 des Runderlasses Außenwirtschaft Nr. 60/58 des Bundesministers für Wirtschaft vom 29. 12. 1958, in: Bundesanzeiger Nr. 248 vom 30. 12. 1958.

zwischen der BRD und dem Ausland erheblich erleichtert wurde, weil die bis dahin übliche Unterscheidung zwischen frei und beschränkt konvertiblen Währungen entfiel.

Die damit verbundene Verkürzung der Zahlungswege dürfte sicher einen fördernden Einfluß auf die allgemeine Geschäftstätigkeit der Unternehmen mit dem Ausland ausgeübt haben; ein Niveaubruch in den Reihen der Lieferantenkredite und der liquiden Mittel zeigt sich jedoch nicht. Die Tatsache, daß Devisentransaktionen zwischen den Mitgliedsländern der Europäischen Zahlungsunion nun nicht mehr nur in Höhe der sich aus dem Zahlungsverkehr ergebenden gegenseitigen Abrechnungssalden abgewickelt wurden, sondern wie beim Zahlungsverkehr mit den übrigen Währungsräumen in voller Höhe der bilateralen Forderungen bzw. Verbindlichkeiten, hat direkt lediglich die Währungsreserven der Deutschen Bundesbank verändert, nicht aber die Liquiditätsposition der Unternehmen. Das gleiche gilt für die Abwicklung der Ende 1958 noch bestehenden Forderungen gegenüber einzelnen EZU-Ländern.

3.3.2.3. Die Umsätze und die Roherträge

Ein besonderes Problem bilden die Umsätze der einzelnen Wirtschaftsgruppen. Für die vorliegende Untersuchung werden längere Zeitreihen benötigt, denn der Zeitvergleich ist die einzige Möglichkeit, unterschiedliche Phasen der Geldpolitik bei der Analyse des Lieferantenkredits zu berücksichtigen.

Angaben über die Umsätze liegen in einer für unsere Arbeit brauchbaren Form erst seit 1960 nach der Einführung der neuen Brutto-Erfolgsrechnung vor.

Bei der Suche nach Hilfsgrößen, die bis 1950 zurückreichen, hat sich die Größe der Roherträge als beste Näherung gezeigt. Das Verhältnis der Roherträge zu den Umsätzen ist in den Jahren, in denen beide Reihen vorliegen, für alle hier untersuchten Branchen relativ konstant; und so ergeben sich aus den Korrelationen zwischen den Umsätzen und den Roherträgen einzelner Aktiengesellschaften der 21 Wirtschaftsgruppen über diesen Zeitraum von 1960 bis 1967, wie die *Tabelle* 6 zeigt, entsprechend hohe Korrelationskoeffizienten. Die Reihe der

Tabelle 6: Verteilung der Korrelationskoeffizienten aus Korrelationen zwischen den Umsätzen und den Roherträgen von 21 Wirtschaftsgruppen

Klassenbreite	Zahl der Fälle
$1{,}00 > r > 0{,}99$	12
$0{,}99 \geq r > 0{,}97$	5
$0{,}97 \geq r > 0{,}94$	2
$0{,}94 \geq r > 0{,}92$	2

Roherträge kann demnach als eine gute Näherungsgröße für die Umsätze betrachtet werden.

Allerdings entsteht ein neues Problem durch die im Jahre 1960 erfolgte Umstellung der Erfolgsrechnung auf die Bruttorechnung. Nach den Bestimmungen der „kleinen Aktienrechtsreform" müssen die Aktiengesellschaften ihre Gewinn- und Verlustrechnung ab 1960 nach dem neuen Bruttoschema veröffentlichen.

Damit sind die Reihen der Erfolgsrechnungen bis auf die Löhne und Gehälter, die gesetzlichen Sozialausgaben und die ausweispflichtigen Steuern vor und nach der Umstellung ohne Korrekturen nicht mehr vergleichbar. Und tatsächlich zeigt die publizierte Reihe der Roherträge für alle Sektoren zwischen 1960 und 1961 einen deutlichen Niveaubruch.

Eine Verknüpfung der beiden Reihen der Roherträge nach der alten und der neuen Rechnung wird dadurch möglich, daß für 1224 von 1844 Aktiengesellschaften vergleichbare Angaben über die Roherträge der Jahre 1960 und 1961 in der neuen Rechnung vorliegen[148]. Daraus lassen sich die Roherträge des Jahres 1960 für alle 1844 Aktiengesellschaften in der neuen Rechnung ziemlich exakt ermitteln. Bei den 1224 Gesellschaften handelt es sich um eine relativ große und unverfälschte Auswahl, die alle Wirtschaftsbereiche umfaßt. Die Differenzen zwischen den Schätzwerten in der neuen Rechnung und den publizierten Angaben der Roherträge dieser 1844 Gesellschaften für 1960 in der alten Rechnung können als Effekt der Rechnungsumstellung interpretiert werden und sind als Korrekturfaktoren für die Verknüpfung der Rohertragsreihen nach der alten und neuen Rechnung zu einheitlichen Reihen verwendet worden. Es muß jedoch darauf hingewiesen werden, daß auch diese Verknüpfung alle die Gefahren in sich birgt, die in jeder Umbasierung liegen.

3.3.2.4. *Die Sonderaufbereitung für große Aktiengesellschaften*

Außer dem publizierten statistischen Material stand dem Verfasser das Material einer Sonderaufbereitung des Statistischen Bundesamtes für 358 Aktiengesellschaften mit einer Bilanzsumme von 50 Mio. DM und mehr (Stand 1961) zur Verfügung[149].

Diese Zusammenstellung enthält alle für die empirische Überprüfung der oben aufgeführten Hypothesen erforderlichen Reihen für die hier zur Diskussion stehenden 21 Sektoren. Damit ist es möglich, unsere Hypothesen nach Wirtschaftsgruppen und innerhalb dieser Gruppen für große und kleinere Aktiengesellschaften zu prüfen.

Wenn auch unterschiedliche Größenklassen im Rahmen der Statistik der Aktiengesellschaften sicher nur eine beschränkte Bedeutung haben, da selbst die kleineren Gesellschaften absolut gesehen bereits groß sind und ihr Verhalten bezüglich der Vergabe und Aufnahme von Lieferantenkrediten nicht als typisch für das Verhalten kleiner Unternehmen anderer Rechtsformen angesehen werden darf, so kann eine Analyse bestimmter Klassen eventuell doch neue Erkenntnisse bringen oder vorhandene Kenntnisse sichern. Auch hier muß festgehalten werden, daß die Ergebnisse nur typisch für die untersuchte Gruppe sein werden und nur so weit auf andere Unternehmen übertragen werden dürfen, wie diese nach Größe und Wirtschaftszweig den untersuchten entsprechen.

[148] Statistisches Bundesamt, Fachserie C 2/I, Jahrgang 1961, S. 34 ff.

[149] Der Verfasser dankt Herrn Diplom-Volkswirt *H. Hansen* vom Statistischen Bundesamt in Wiesbaden für die Überlassung des Materials der Sonderaufbereitung.

Das statistische Material für die großen Aktiengesellschaften umfaßt den Zeitraum von 1957 bis 1967. Damit sind für den Zeitvergleich nach Wirtschaftsgruppen und Größenklassen insgesamt nur 22 Beobachtungen vorhanden, nämlich 11 für die großen und 11 für die kleineren Aktiengesellschaften.

Ökonomisch ist dieser beschränkte Zeitraum immer noch interessant genug, denn er enthält zwei vollständige Zyklen der Geldpolitik; zwei Phasen neutraler bzw. expansiver Geldpolitik, nämlich 1957 bis 1959, 1960 bis 1965 und 1967, sowie die zwei Kontraktionsphasen 1959/60 und 1965/66.

Ein Einwand gegen die geringe Zahl von Beobachtungen könnte von Seiten der theoretischen Statistik erhoben werden. Allerdings muß gesagt werden, daß die Vorstellung, man könne eine Hypothese nur mit vielen Beobachtungen oder gar nicht testen, aus der Biostatistik oder aus der naturwissenschaftlichen Statistik stammt, wo die Größe der Stichprobe eine Frage des Fleißes ist, weil Beobachtungen durch entsprechende Experimente in beliebiger Zahl zu gewinnen sind. Wo es – wie in der Medizin – auf große Sicherheit ankommt und wo ein wahrscheinlicher Fehler von 5 v. H. in bestimmten Fällen bereits zu hoch ist, muß neues Material gesammelt werden. Da mit weiteren Versuchen in der Regel aber hohe Kosten verbunden sind, ist der Vorteil größerer Sicherheit immer gegen die Mehrkosten zusätzlicher Information abzuwägen. Die Standardabweichung sinkt bekanntlich nur mit der Quadratwurzel der zusätzlichen Beobachtungen, und so kann eine dreifache Vergrößerung der Sicherheit neunfache Mühen und Kosten verursachen, vorausgesetzt, daß die Zahl der Beobachtungen überhaupt vermehrt werden kann.

In den Gesellschafts- und Sozialwissenschaften läßt sich die Zahl der Beobachtungen nicht durch Versuche beliebig vermehren; die Zahl der Beobachtungen ist oft gegeben, und die Frage ist dann nur noch, ob man mit den vorhandenen Beobachtungen eine Hypothese testen kann oder nicht. Selbstverständlich müssen bei einer geringen Zahl von Beobachtungen die Ergebnisse mit der entsprechenden Vorsicht interpretiert werden, da man weiß, daß in diesem Fall die Stärke des Tests nicht sehr groß ist. Aber unter Beachtung dieser Tatsache ist in der Regel ein schwacher Test besser als keiner.

Ein derart schwacher Test kann insbesondere dann wertvoll sein, wenn sich durch andere Versuche bereits eine Vormeinung gebildet hat und wenn der neue Test dazu dient, diese Vormeinung sicherer oder unsicherer zu machen.

Die „Bayesianische" Statistik, eine Methode der statistischen Schlußfolgerung, die auf einen Essay von T. Bayes aus dem Jahre 1793 zurückgeht und die in den USA vor allem von empirischen Sozialstatistikern vertreten wird, plädiert für eine stärkere Beachtung der Vormeinung, weil in diesem Fall oft eine weniger große Genauigkeit ausreicht und man mit einer geringeren Zahl von Beobachtungen auskommt[150]. Die Voraussetzung für die Anwendung des Verfahrens, un-

[150] Zu den Methoden der Bayesianischen Statistik vgl. *W. Edwards, H. Lindman* and *L. J. Savage* [38, S. 193 ff.]. Den Hinweis auf diesen Artikel verdankt der Verfasser Herrn Professor Marc Nerlove von der Yale University.

sichere Vormeinungen zu berücksichtigen, ist allerdings, daß die Subjektivität der Meinungen anerkannt wird und die Bereitschaft besteht, eine Meinung aufzugeben, wenn sie nach den empirischen Ergebnissen unwahrscheinlich ist. Unter diesen Bedingungen kann ein schwacher Test divergierende Vormeinungen sicherer oder unsicherer machen. „This approximate merging of initially divergent opinions is, we think, one reason why resarch is called ‚objective'."[151]

Auch unser Test für die großen und kleineren Aktiengesellschaften einzelner Wirtschaftsgruppen wird bei nur 22 Beobachtungen ein schwacher Test sein. Da wir aber mit einer geringeren Genauigkeit auskommen, wenn wir die durch den stärkeren Test für alle Aktiengesellschaften gewonnene Vormeinung berücksichtigen können, kann auch dieser schwache Test die „Sicherheit" oder „Unsicherheit" unserer Meinung über den Einfluß der geldpolitischen Maßnahmen auf den Lieferantenkredit vergrößern.

3.3.2.5. *Die Auftragseingänge und die Kapazitätsauslastung*

Als Indikator für die Absatzerwartungen werden die in den monatlichen Berichten des Bundeswirtschaftsministeriums „Die wirtschaftliche Lage in der Bundesrepublik Deutschland" veröffentlichten Indizes „Auftragseingang in v. H. des Umsatzes" für die einzelnen Wirtschaftsgruppen verwendet. Das Verhältnis der Auftragseingänge zu den Umsätzen der Wirtschaftsgruppen gibt einen wertvollen Hinweis auf die Auftragslage und damit auf die vermutliche Einschätzung der Entwicklung der Wirtschaftstätigkeit und der Preise durch die Unternehmen der einzelnen Wirtschaftsgruppen.

Da diese Indizes nicht für alle hier betrachteten Wirtschaftsgruppen vorliegen, werden für die Sektoren 1 (Bergbau) und 6 (Eisen und Stahl) der Index für die Grundstoffindustrien, für die Sektoren 17 (Brauerei), 18 (Nahrung und Genuß), 20 (Großhandel), 21 (Einzelhandel) der Index für die Verbrauchsgüterindustrien, für die Sektoren 2 (Energie) und 19 (Bau) der Index für die gesamte Industrie als Hilfsgrößen gewählt.

Nach den Ausführungen des Ministeriums ist die Statistik der Auftragseingänge nicht geeignet für Untersuchungen über die Bewegungen der Auftrags*bestände* und der *Lager*bewegungen, weil Stornierungen und später eintretende Preisänderungen, die zu Unterschieden zwischen dem Bestellwert und dem Auslieferungswert führen, nicht berücksichtigt sind[152]. Diese Besonderheiten machen den Index für uns als einen Indikator der Absatzerwartungen noch wertvoller.

Um das Erwartungsmoment hervorzuheben, werden hier die Durchschnitte des zweiten Halbjahres eingeführt; damit sind die letzten verfügbaren Informationen über die voraussichtliche Absatzlage berücksichtigt, ohne daß sich die Saisoneinflüsse einzelner Monatswerte durchsetzen können.

Die Kapazitätsauslastung in den einzelnen Wirtschaftsgruppen wird durch die

[151] *W. Edwards, H. Lindman* and *L. J. Savage*, loc. cit., S. 197.
[152] *Der Bundesminister für Wirtschaft*, Die wirtschaftliche Lage in der BRD, Februar 1958, S. 15.

„Indexziffern der Ausnutzung des Brutto-Anlagevermögens der Industrie im Gebiet der Bundesrepublik Deutschland" nach den Schätzungen des Deutschen Instituts für Wirtschaftsforschung (Berlin) berücksichtigt, wie sie in den Vierteljahresheften des Instituts veröffentlicht werden.

Auch diese Indexziffern liegen nicht für alle hier untersuchten Wirtschaftsgruppen vor, so daß wie bei den Auftragseingängen für die Sektoren 18, 20 und 21 der Index der Auslastung für die Verbrauchsgüterindustrie und für die Sektoren 2 und 19 der Index für die gesamte Industrie als Hilfsgrößen gewählt wurden.

Man geht bei der Ermittlung dieser Auslastungsziffern von der Hypothese aus, daß Schwankungen um die im technischen Sinne höchstmöglichen Kapitalproduktivitäten als Schwankungen der Kapazitätsauslastungen interpretiert werden können. Da die Ermittlung der technisch normalen Kapitalproduktivität für die einzelnen Branchen in der Praxis unmöglich ist, versucht man, mit Hilfe der Regressionsanalyse die periodischen Schwankungen der Kapitalproduktivität für die verschiedenen Branchen in eine Trendkomponente und eine Restkomponente zu zerlegen. Man interpretiert dann die Abweichungen vom Trend als Schwankungen der Kapazitätsauslastung. Da die Auslastung mit zunehmender Kapitalproduktivität steigt und umgekehrt, entstehen die Auslastungsreihen aus den Abweichungen der tatsächlich beobachteten Kapitalproduktivität von der Trendgeraden. Die über den gesamten Beobachtungszeitraum beobachtete größte Abweichung wird als Periode maximaler Kapazitätsauslastung zur Basisperiode (= 100) für die Reihe der Auslastungskoeffizienten[153].

Sicher „... dürfen an die Exaktheit derartiger Berechnungen keine übertriebenen Anforderungen gestellt werden"[154], aber immerhin können die Schätzungen des DIW als der beste verfügbare Indikator für die Kapazitätsauslastung in der Bundesrepublik Deutschland angesehen werden.

3.3.2.6. *Die geldpolitischen Variablen*

Von zentraler Bedeutung für unsere Untersuchung ist die Wahl der geldpolitischen Variablen[155].

Man könnte zunächst daran denken, die Änderungen des Geldvolumens als Indikator für den Kurs der offiziellen Geldpolitik zu wählen.

Gegen dieses Konzept spricht erstens, daß – wie im theoretischen Teil dargelegt wurde – die Geldmenge im engeren Sinne in Wahrheit nicht die geld-

[153] Zu methodischen Fragen und Problemen der Ermittlung der Indexziffern der Kapazitätsausnutzung vgl. *D. Mertens,* Die kurzfristige Kapazitätsausnutzungs-Rechnung des DIW. In: DIW, Vierteljahreshefte für Wirtschaftsforschung, Jg. 1961, S. 73 ff.; *R. Krengel,* Produktionsvolumen und Produktionsfaktoren der Industrie im Gebiet der BRD, ibd., Jg. 1964, S. 364 ff. und Jg. 1965, S. 443 ff.; idem, Die Kapitalproduktivität von 21 Industriegruppen im Gebiet der Bundesrepublik Deutschland von 1950–1975, Kollektion Studien, Reihe Wirtschaft und Finanzen Nr. 6, Brüssel 1968, S. 27.

[154] *R. Krengel,* loc. cit., Jg. 1965, S. 445.

[155] Zu den Möglichkeiten und Problemen der Wahl eines angemessenen Indikators der offiziellen Geldpolitik vgl. *M. J. Hamburger* [67, S. 32 ff.].

politisch relevante Variable ist, für die sie oft gehalten wird; zweitens kann das Geldvolumen nicht als Instrumentvariable der Zentralbank angesehen werden, da die Zentralbank nicht einmal das Angebot an Geld vollständig kontrollieren kann, ganz zu schweigen von einer Kontrolle der Nachfrage.

Aus diesem zweiten Grund scheidet auch die Veränderung des Kreditvolumens als geldpolitische Variable aus dem Kreis der möglichen Indikatoren der offiziellen Geldpolitik aus.

Im allgemeinen gilt der Diskontsatz der Zentralbank als wichtige Instrumentvariable und als der beste Indikator für die Bewegungsrichtung der offiziellen Geldpolitik[156].

Trotz aller möglichen „lags“ und „leads“ der Diskontpolitik kennzeichnen die Veränderungen des Diskontsatzes im allgemeinen am deutlichsten den Kurs der Zentralbank[157]. Der Diskontsatz hat außerdem für empirische Arbeiten den wichtigen Vorteil, daß man ihn genau kennt und einfach angeben kann.

Für den einzelnen Unternehmer haben Diskontsatzvariationen besondere Bedeutung. Das erklärt sich einmal aus psychologischen Gründen (Signaleffekt), dann aber auch aus der effektiven Verteuerung oder Verbilligung vor allem der Wechsel- und Lombardkredite, deren Kosten für die Mehrzahl der Unternehmer direkt mit dem Diskontsatz variieren.

Aus diesen Gründen wird hier dem Diskontsatz auch gegenüber den „Sätzen der Deutschen Bundesbank für den Verkauf von Geldmarktpapieren am offenen Markt“ und gegenüber den Geldmarktsätzen der Vorzug gegeben.

Diese Entscheidung fällt leicht, wenn man berücksichtigt, daß insbesondere die Abgabesätze für Geldmarktpapiere, aber auch die Geldmarktsätze im engeren Sinne hoch mit dem Diskontsatz korreliert sind und daß Geldmarktsätze ausgeprägte Saisonkomponenten enthalten, wie H. König und J. Wolters in einer empirischen Untersuchung über den Zusammenhang zwischen kurz- und langfristigen Zinssätzen in der Bundesrepublik Deutschland gezeigt haben[158].

Neben dem Diskontsatz können die Mindestreservesätze als ein deutliches Kriterium für eine kontraktive oder expansive Geldpolitik angesehen werden.

Da sich die offiziellen Reservesätze nach Reserveklassen, nach Bankplätzen und vor allem nach der Art der Bankverbindlichkeiten unterscheiden, gelten insgesamt 14 verschiedene Reservesätze über den gesamten Zeitraum, und dazu unterscheiden sich diese Sätze zwischen 1957 und 1967 noch nach Verbindlichkeiten gegenüber gebietsansässigen und gebietsfremden Einlegern.

Wollte man diese Zahl von Reservesätzen in einem für das Bankensystem insgesamt geltenden Reservesatz unterbringen, so würden alle Probleme der Gewichtung und damit viele unnötige Fehler entstehen.

[156] Vgl. beispielsweise *A. D. Entine* [43, S. 644 ff]; *W. Vogt* [179, S. 11]; *G. Jäger* [78, S. 83].

[157] Zu allgemeinen Problemen der Diskontpolitik und zu den zyklischen Veränderungen der Diskontsätze in der BRD vgl. die Studie des Verfassers zur Refinanzierung der Banken beim Zentralbanksystem [171].

[158] *H. König* und *J. Wolters* [94, S. 5 ff.].

Die Vielfalt der Reservesätze eröffnet darüber hinaus den Banken in einer Liquiditätsenge die Möglichkeit, durch Umschichtungen innerhalb der reservepflichtigen Verbindlichkeiten, zu denen sie ihre Kunden ermuntern, die Liquiditätsanspannung zu erleichtern. Diesem Wunsch der Banken kommt die Neigung der Einleger entgegen, in Phasen restriktiver Geldpolitik mit steigenden Zinssätzen von Sichteinlagen auf Termin- und Spareinlagen, also auf Einlagen, die mit niedrigeren Reservesätzen belegt sind, umzusteigen[159]. Daher wäre ein einheitlicher Durchschnittssatz aus den *offiziellen* Reservesätzen sogar ein sehr problematischer Indikator für den Kurs der offiziellen Geldpolitik.

Aus diesen Gründen erscheint es zweckmäßiger und auch richtiger, einen durchschnittlichen *effektiven* Reservesatz zu ermitteln. Dieser effektive Satz ergibt sich aus der Relation zwischen dem Reserve-Soll und den reservepflichtigen Verbindlichkeiten; eine Zunahme des durchschnittlichen Reservesatzes kann als zunehmende Liquiditätsenge, eine Abnahme als Erleichterung der Liquiditätsanspannung im Bankensystem gedeutet werden.

Die empirische Überprüfung unserer Hypothesen soll alternativ mit den Diskontsätzen und den effektiven Reservesätzen vorgenommen werden. Zwar zeigen beide Variablen im Untersuchungszeitraum tendenziell gleiche Veränderungen, aber kleinere Unterschiede treten in einzelnen Phasen doch auf.

So sind Abweichungen festzustellen im Jahre 1957, als die Reservesätze im Mai aus zahlungsbilanzpolitischen Gründen erhöht wurden, obwohl die Rezessionserscheinungen im Inland eine Senkung verlangt hätten, die beim Diskontsatz auch vorgenommen wurde. Aus zahlungsbilanzpolitischen Gründen, insbesondere im Zusammenhang mit der Herstellung der freien Konvertierbarkeit der Deutschen Mark, wurde im Januar 1959 der Diskontsatz gesenkt[160], obwohl binnenwirtschaftlich eher eine Konstanz oder eine Erhöhung zur Dämpfung der Inlands-

[159] Vgl. dazu *H. König* [93, S. 81 ff.]. Von einer solchen systematischen Umwandlung von Sichteinlagen in Termineinlagen in Restriktionsphasen berichtet für die USA *D. I. Fand* [44, S. 246].

[160] Die Herstellung auch der äußeren Konvertibilität der Deutschen Mark vergrößerte tendenziell die Liquiditätszuflüsse in die BRD; gleichzeitig setzte aber infolge der größeren Freizügigkeit im internationalen Zahlungsverkehr eine weiterreichende und daher wirksamere Devisenarbitrage ein, die von der Deutschen Bundesbank voll genutzt wurde. Durch die gezielte Senkung des Diskontsatzes auf $2^3/_4$ v. H. – ein Satz, „der in der Geschichte des deutschen Zentralbankwesens bisher noch nicht zu verzeichnen war" (Monatsberichte der Deutschen Bundesbank, Januar 1959, S. 3) – erreichte die Notenbank eine Angleichung an das ausländische Zinsniveau. So konnte die Deutsche Bundesbank in ihrem Geschäftsbericht für das Jahr 1958 schreiben: „Bei den gegenwärtigen Zinsrelationen ist ein nennenswerter Zustrom kurzfristiger Gelder in die Bundesrepublik als Folge der Aufhebung dieser letzten Beschränkungen (durch die weitgehende Freigabe der Kapital*ausfuhr* im Herbst 1957 hatte die Notenbank den Übergang zur freien Konvertibilität bereits vorbereitet, V. T.) nicht sehr wahrscheinlich" (S. 97). Und tatsächlich hielt sich der Mittelzugang zur Wirtschaft aufgrund von Devisentransaktionen 1959 durchaus im Rahmen der Entwicklung; gegenüber 1957 und 1958 haben diese Liquiditätszuflüsse sogar abgenommen (vgl. dazu Geschäftsbericht der Deutschen Bundesbank für das Jahr 1959, S. 28 f.].

nachfrage angezeigt gewesen wäre. In der Rezessionsphase 1961 bis 1963, aber auch noch in der Boom-Periode 1964 blieb der Diskontsatz unverändert; die Zentralbank operierte in dieser Zeit ausschließlich mit Veränderungen der Mindestreservesätze; auch die Abgabesätze für Geldmarktpapiere weisen in dieser Zeit nur unbedeutende Schwankungen auf. Alles in allem könnte danach der effektive Reservesatz als die für unsere Zwecke geeignetere geldpolitische Variable erscheinen. Denn in dem bekannten, aus der herrschenden Währungsordnung und den fixierten Wechselkursen resultierenden Dilemma, die destabilisierenden Effekte der Zahlungsbilanzungleichgewichte gering zu halten und/oder binnenwirtschaftlich zu kontrollieren, hat die Deutsche Bundesbank von den ihr zur Verfügung stehenden Instrumenten naturgemäß hauptsächlich den Diskontsatz beachtet, auch wenn sie ihn nicht verändert hat – das gilt selbstverständlich auch für die Abgabesätze für Geldmarktpapiere –, um die konjunkturellen Schwierigkeiten im Inland durch ein Zinsgefälle nicht zu vergrößern.

Aber die Unterschiede in der Bewegungsrichtung der Diskontsätze und der Mindestreservesätze sind insgesamt so gering, daß die Entscheidung für oder gegen eine der beiden wichtigen geldpolitischen Variablen erst nach den empirischen Ergebnissen fallen soll.

Zunächst werden also beide Variablen alternativ eingeführt, und zwar mit den Durchschnitten im letzten Halbjahr.

Halbjahresdurchschnitte sind für unser Problem Jahresdurchschnitten vorzuziehen, weil im Jahresdurchschnitt die Änderung der Diskontsätze und der effektiven Reservesätze zu stark nivelliert werden; andererseits kann im allgemeinen nicht unterstellt werden, daß die jährlich erfaßten Bilanzwerte der Lieferantenkredite von Vierteljahres- oder Monatsdurchschnitten beeinflußt sind.

Die Durchschnittswerte des letzten Halbjahres sind denen des ersten Halbjahres aus bilanzierungstechnischen Gründen vorzuziehen. Wie oben ausgeführt wurde, bilanzieren über 90 v. H. der westdeutschen Aktiengesellschaften im 2. Halbjahr und fast 80 v. H. zum 31. Dezember.

Nach dieser Behandlung des für die folgenden Versuche verwendeten statistischen Materials sind die allgemeinen Regressionsansätze (1) und (2), die auf S. 56 angegeben wurden, wie folgt zu ändern:

$$\text{(1a)} \quad \left(\frac{LK_g}{R}\right)_t^i = c_o^i + c_1^i G_t^i + c_2^i E_t^i + c_3^i K_t^i + c_4^i \left(\frac{L}{R}\right)_t^i + w_t^i$$

$$\text{(2a)} \quad \left(\frac{LK_e}{R}\right)_t^i = d_o^i + d_1^i G_t^i + d_2^i E_t^i + d_3^i K_t^i + d_4^i \left(\frac{V}{R}\right)_t^i + x_t^i$$

Die neuen Bezeichnungen sind

R^i die Roherträge der Wirtschaftsgruppe i;

E^i die Auftragseingänge in v. H. des Umsatzes der Wirtschaftsgruppe i im Durchschnitt des 2. Halbjahres;

G alternativ die Diskontsätze (d) bzw. die effektiven Reservesätze des Bankensystems (m) im Durchschnitt des 2. Halbjahres.

3.4. Die statistischen Ergebnisse

3.4.1. Allgemeines

Die Zahl der insgesamt durchgeführten Regressionen war sehr groß, da zunächst verschiedene Ansätze und verschiedene Kombinationen zwischen den möglichen Erklärungsfaktoren für die gewährten und die empfangenen Lieferantenkredite zu prüfen waren[161]. „As anyone who has attempted extensive empirical analysis in economics will testify, it is rare indeed that one's initial formulations prove to be statisfactory, either theoretically or empirically. Nonetheless, the insights analyses yield provide the basis for further work.“[162]

Erst nach einer langen Reihe von Versuchen mit anderen zur Erklärung der Lieferantenkredite in Frage kommenden Variablen ergaben sich die oben beschriebenen Regressionsansätze für unsere Untersuchung. Die ersten Versuche berücksichtigten die kurzfristige Verschuldung der Aktiengesellschaften bei Banken; anstelle der Auftragseingänge und der Kapazitätsauslastung wurden zunächst deren Veränderungen eingeführt; als Hilfsgröße für die Gewinnerwartungen enthielten unsere ersten Ansätze entsprechend der einfachen Hypothese, daß die zukünftigen Erwartungen im allgemeinen eine Extrapolation der vergangenen Entwicklung darstellen, die Gewinne der Vorperiode; es wurden Schätzungen auch mit der Geldmenge, mit dem Kreditvolumen, den Geldmarktsätzen und mit den Diskont- und Mindestreservesätzen im Durchschnitt des ersten Halbjahres durchgeführt. Alle diese Versuche erbrachten, abgesehen von den ökonomisch-theoretischen Problemen der verschiedenen geldpolitischen Variablen, auf die früher hingewiesen wurde, keine befriedigenden Schätzergebnisse.

Die heute in Regressionsanalysen immer häufiger zu findende Einführung der verzögerten endogenen Variablen wurde hier ebenfalls versucht; teils aus statistischen Gründen – die hohe Korrelation zwischen der lag-Variablen und den geldpolitischen Variablen führte zu verzerrten Schätzparametern –, vor allem aber wegen der ökonomischen Implikationen eines derartigen Ansatzes wurde für diese Untersuchung schließlich darauf verzichtet.

Ein solcher Ansatz basiert auf der Annahme technologischer und psychologi-

[161] Der Verfasser dankt an dieser Stelle der Gesellschaft der Freunde der Universität Mannheim für die Finanzierung der Berechnungen im Deutschen Rechenzentrum Darmstadt und im Rechenzentrum der Universität Mannheim. Es wurden die Regressionsprogramme BMD 03 R (nach W. Dixon [Hrsg.], Biomedical Computer Programs, UCLA 1965) und REGT (nach F. Gebhardt, DRZ Darmstadt, 1967) verwendet.

[162] *M. Nerlove* [122, S. 10].

scher Trägheiten bei der Anpassung. Es wird unterstellt, daß die *laufenden* Werte der unabhängigen Variablen die *geplante* Höhe der abhängigen Variable bestimmen; da aber diese Höhe nicht bekannt ist, sondern nur die beobachtete Höhe der zu erklärenden Größe und da beide in der Regel nicht übereinstimmen, wird angenommen, daß die Anpassung an die gewünschte Höhe nicht sofort und auf einmal geschieht; in einer Periode erfolgt vielmehr nur ein Teil dieser Anpassung[163]. Die große Beliebtheit derartiger Anpassungsmodelle erklärt sich daraus, daß in zunehmendem Maße monatliche und vierteljährliche Beobachtungsdaten verfügbar werden. Die Berücksichtigung verzögerter Anpassung ist um so sinnvoller, je langfristiger die wahrscheinlichen Reaktionszeiten der Wirtschaftssubjekte bei dem in Frage stehenden Problem und je kurzfristiger die Erfassungszeiten des statistischen Materials sind.

Berücksichigt man in unserem Fall die relativ kurze Reaktionszeit beim Lieferantenkredit und die Tatsache, daß für unsere Untersuchung nur Jahreswerte vorliegen, so ist mit einer fast vollständigen Anpassung innerhalb des Erfassungszeitraumes zu rechnen, so daß auch mit einem linearen Ansatz ohne zeitliche Verzögerungen eine relativ gute Approximation erreicht werden kann.

Die folgenden Tabellen geben nur die wichtigsten und die typischen Regressionsgleichungen wieder. Diese Gleichungen sind typisch in dem Sinne, daß eine genaue Analyse aller durchgeführten Regressionen die hier dargestellten Ergebnisse bestätigt. Die Wiedergabe *aller* berechneten Regressionsgleichungen würde dem Leser zwar viele Parameter vorführen; er könnte daraus aber keine anderen Erkenntnisse gewinnen als aus den hier vorgelegten. Der Leser erhielte lediglich eine vielfache Bestätigung unserer Ergebnisse.

Wie bereits früher ausgeführt wurde, können die Einflüsse der Zentralbankmaßnahmen in den verschiedenen Phasen der Geldpolitik nur in Zeitvergleichen analysiert werden. Auf den Vorteil von Querschnittsanalysen, die erheblich größere Zahl von Beobachtungen, braucht darum aber nicht verzichtet zu werden, wenn man die „Querschnitte" zeitlich anordnet. Von dieser Möglichkeit intertemporaler Querschnittsanalysen wurde auch hier Gebrauch gemacht.

Bei der Darstellung und Interpretation unserer statistischen Ergebnisse gehen wir wie folgt vor: Zunächst werden die typischen Regressionsgleichungen für die gewährten und die empfangenen Lieferantenkredite aus den intertemporalen Querschnittsanalysen für alle Aktiengesellschaften aller Wirtschaftsgruppen diskutiert (Tabellen 7–10). Dann werden die typischen Regressionsgleichungen aus Zeitreihenanalysen für die 21 einzelnen Wirtschaftsgruppen, und zwar für alle und – wo es sinnvoll ist – gesondert für die großen und die kleineren westdeutschen Aktiengesellschaften, besprochen (Tabellen 11–16). Und schließlich wer-

[163] Zu verschiedenen Anpassungsmodellen, ihren Implikationen und den Schätzproblemen vgl. *Z. Griliches* [58, S. 16 ff.].

den die Schätzergebnisse aus intertemporalen Querschnittsanalysen für die Aktiengesellschaften eines speziellen Wirtschaftszweiges vorgelegt, der Zementindustrie, die sich durch eine besondere Homogenität ihres Angebotes auszeichnet (Tabellen 17–20).

3.4.2. Die statistischen Ergebnisse aus intertemporalen Querschnittsvergleichen für alle Aktiengesellschaften der 21 Wirtschaftsgruppen

Die *Tabellen 7 und 8* zeigen spaltenweise für verschiedene Stichproben die statistischen Zusammenhänge aus intertemporalen Querschnittsanalysen zwischen den gewährten bzw. den empfangenen Lieferantenkrediten, soweit sie nicht auf die Umsatztätigkeit zurückgehen, $\frac{LK_g}{R}$ bzw. $\frac{LK_e}{R}$, und den unabhängigen Variablen: effektiver Reservesatz des Bankensystems im Durchschnitt des zweiten Halbjahres (m), Auftragseingänge in v. H. der Umsätze (E), Kapazitätsauslastung (K), relative Liquiditätsposition $\frac{L}{R}$ bzw. relative Lagerhaltung $\frac{V}{R}$. Die t-Werte in den Klammern unter den Regressionskoeffizienten sind die Prüfgrößen der Steigungsmasse.

Die Regressionskoeffizienten werden gegen die sog. Nullhypothese geprüft. Diese Nullhypothese besteht in unserem Fall in der Annahme stochastischer Unabhängigkeit zwischen den abhängigen Variablen $\frac{LK_g}{R}$ bzw. $\frac{LK_e}{R}$ und den einzelnen unabhängigen Variablen m, E, K, $\frac{L}{R}$ bzw. $\frac{V}{R}$. Die geprüfte Hypothese, nach der die festgestellte Korrelation und Regression auf einem Zufall beruht, soll zurückgewiesen und die Gegenhypothese, es besteht ein systematischer Zusammenhang zwischen der abhängigen und den einzelnen unabhängigen Variablen, akzeptiert werden, wenn die Irrtumswahrscheinlichkeit geringer als 10 v. H. ist.

Diese Irrtumswahrscheinlichkeit könnte einigen Lesern zu hoch erscheinen. In den Fällen unserer Querschnittsschätzungen bedeutet das praktisch, daß t-Werte von 1,3 noch als statistisch signifikant von Null verschieden angesehen werden. Bedenkt man aber, daß zwischen den in die Schätzgleichungen aufgenommenen Variablen immer ein gewisses Maß an Kollinearität besteht und daß infolge dieser Multikollinearität die Varianzen der Schätzwerte im allgemeinen zu groß ausgewiesen werden, so erscheint bei der Diskriminierung relativ kleiner t-Werte besondere Vorsicht am Platze. Darüber hinaus ist zu beachten, daß die bezüglich der Stellenzahl begrenzte Rechengenauigkeit einer EDV-Anlage, die sich bei der Inversion einer größeren Kovarianzmatrix besonders negativ auswirkt, die Genauigkeit der t-Werte erheblich beeinträchtigt.

Die Schätzungen der Spalten (2) bis (10) enthalten Schockvariablen für die verschiedenen Wirtschaftsgruppen. Es wird angenommen, diese Sektorvariablen B_j (mit $j = 1, 2, 3, \ldots, 21$) seien linear und additiv. Sie werden in der Form

Tabelle 7: Vergabe von Lieferantenkrediten (LKg/R) der westdeutschen Aktiengesellschaften, intertemporale Querschnittsanalysen*).

	AG aller 21 Wirtschaftsgruppen (1950–67)				AG der 8 Wirtschaftsgruppen hohen Wachstums 1950–67	AG der 13 Wirtschaftsgruppen geringeren Wachstums 1950–67	AG aller 21 Wirtschaftsgruppen			
	ohne	mit Branchenkoeffizienten					alle AG		große AG	kleinere AG
		alle Phasen	Restriktionsphasen	übrige Phasen			1950–56	1957–67	1957–67	1957–67
	(1)	(2)	(3)	(4)	(5)	(6)	(7)	(8)	(9)	(10)
Zahl der Beobachtungen	378	378	147	231	144	234	147	231	231	231
Korrelationskoeffizient	0,492	0,949	0,945	0,953	0,935	0,952	0,966	0,964	0,975	0,878
Unabhängige Variablen:										
Mindestreservesatz (m)	-0,421	-0,505	-0,393	-0,777	–0,988	–0,228	–1,263	–0,164	–0,665	7,125
	(0,8)	(2,5)	(1,3)	(2,2)	(3,5)	(0,8)	(2,9)	(0,8)	(0,4)	(1,3)
Auftragseingänge (E)	1,114	1,680	0,838	2,271	–0,533	2,032	2,577	–1,629	–0,098	0,510
	(2,2)	(3,3)	(0,9)	(3,6)	(0,5)	(3,4)	(2,2)	(2,4)	(0,9)	(4,8)
Kapazitätsauslastung (K)	0,099	0,019	0,014	0,035	–0,048	0,069	0,168	0,056	0,241	–0,119
	(1,0)	(0,5)	(0,2)	(0,7)	(0,9)	(1,2)	(2,7)	(0,9)	(0,5)	(0,1)
Liquiditätslage (L/R)	1,238	0,225	0,001	0,366	–0,257	0,428	0,185	0,301	0,175	0,420
	(10,4)	(2,4)	(0,01)	(3,1)	(1,9)	(3,6)	(1,5)	(2,0)	(2,0)	(6,5)
Branchenkoeffizienten:										
Bergbau		12,228	11,320	12,841		–61,694	9,288	11,335	121,915	116,418
		(6,0)	(3,1)	(5,1)		(23,3)	(2,5)	(5,0)	(7,6)	(2,3)
Energie		20,114	21,098	19,514	18,114		24,373	16,446	188,596	243,586
		(10,2)	(6,1)	(7,9)	(8,9)		(6,7)	(8,0)	(12,5)	(4,8)
Chemie		20,229	19,874	20,634	15,788		23,245	17,278	199,167	236,237
		(9,9)	(5,5)	(8,0)	(6,8)		(5,8)	(8,1)	(12,8)	(4,5)
Steine, Zement		14,025	15,668	12,983	14,999		12,663	16,723	187,997	97,592
		(7,6)	(4,8)	(5,7)	(9,6)		(4,7)	(8,3)	(12,4)	(1,9)
Keramik, Glas		8,645	10,474	7,433		–67,162	10,352	13,740	103,738	101,541
		(4,5)	(3,1)	(3,1)		(28,7)	(4,0)	(6,1)	(6,9)	(2,0)

Eisen, Stahl	21,939	20,025	23,284		–51,622	24,610	17,662	183,958	177,222
	(10,5)	(5,4)	(9,0)		(18,7)	(6,8)	(7,2)	(10,6)	(3,4)
NE-Metalle	25,979	28,180	24,579	26,266		25,025	29,690	279,726	322,969
	(14,0)	(8,6)	(10,7)	(16,9)		(9,1)	(14,5)	(16,6)	(5,9)
Stahlbau	25,109	30,260	21,614		–54,543	24,899	38,170	385,957	350,797
	(9,5)	(6,4)	(6,5)		(22,0)	(7,0)	(10,4)	(16,3)	(6,8)
Maschinenbau	25,478	26,846	24,885		–49,934	23,801	25,414	288,632	225,680
	(12,9)	(7,7)	(10,1)		(22,6)	(6,6)	(12,4)	(18,8)	(4,4)
Fahrzeugbau	6,682	7,042	6,470	3,472		10,458	3,805	70,427	–18,387
	(3,4)	(2,0)	(2,6)	(1,7)		(3,0)	(1,9)	(4,6)	(0,4)
Elektrotechnik	29,965	31,094	29,447	29,809		35,074	27,576	299,978	334,134
	(14,8)	(8,7)	(11,5)	(14,3)		(9,1)	(13,0)	(18,9)	(6,5)
Feinmechanik/Optik	16,669	18,044	15,928		–58,712	8,652	34,589	210,850	221,171
	(6,4)	(3,5)	(5,1)		(16,7)	(2,2)	(9,4)	(11,7)	(4,3)
EBM-Waren	18,522	19,397	18,041		–55,685	20,263	23,063	152,665	160,741
	(9,1)	(5,3)	(7,2)		(19,3)	(7,4)	(8,9)	(9,2)	(3,1)
Papier, Druck	11,335	12,057	10,599		–63,655	10,580	13,328	132,658	138,962
	(6,1)	(3,6)	(4,6)		(26,5)	(3,9)	(6,5)	(7,4)	(2,7)
Leder	17,302	20,900	15,126		–58,707	16,281	24,123	147,819	212,140
	(7,1)	(4,6)	(5,0)		(18,5)	(3,1)	(9,1)	(9,3)	(4,2)
Textil, Bekleidung	20,914	20,223	21,484		–53,561	22,803	18,511	216,454	172,276
	(10,8)	(5,8)	(8,9)		(21,6)	(6,8)	(8,6)	(12,6)	(3,3)
Brauerei	8,795	8,377	9,132		–65,432	7,559	8,316	92,187	57,786
	(4,6)	(2,5)	(3,8)		(25,1)	(2,7)	(3,9)	(5,6)	(1,1)
Nahrung und Genuß	12,875	12,315	13,222		–61,376	14,262	11,909	121,051	87,244
	(6,7)	(3,6)	(5,5)		(23,9)	(4,6)	(5,4)	(7,6)	(1,7)
Baugewerbe	36,067	37,683	34,768	36,898		31,257	39,428	383,764	431,620
	(19,5)	(11,5)	(15,1)	(23,5)		(11,7)	(19,8)	(25,5)	(8,5)
Großhandel	77,252	80,710	74,705		66,265	89,696	73,751	674,756	990,009
	(38,3)	(23,1)	(29,1)		(10,0)	(26,6)	(35,9)	(44,9)	(19,3)
Einzelhandel	0,856	3,407	–0,598	20,895		–2,351	–3,510	16,061	10,288
	(0,2)	(0,4)	(0,1)	(3,3)		(0,3)	(0,5)	(0,3)	(0,1)

*) Die Werte in den Klammern unter den Regressionskoeffizienten geben jeweils die Prüfgröße |t| an.

Tabelle 8: ***Aufnahme*** von Lieferantenkrediten (LKe/R) der westdeutschen Aktiengesellschaften, intertemporale Querschnittsanalysen*).

	AG aller 21 Wirtschaftsgruppen (1950–67) ohne	mit Branchenkoeffizienten alle Phasen	Restriktionsphasen	übrige Phasen	AG der 8 Wirtschaftsgruppen hohen Wachstums	AG der 13 Wirtschaftsgruppen geringeren Wachstums	AG aller 21 Wirtschaftsgruppen alle AG 1950–56	1957–67	große AG 1957–67	kleinere AG 1957–67
	(1)	(2)	(3)	(4)	(5)	(6)	(7)	(8)	(9)	(10)
Zahl der Beobachtungen	378	378	147	231	144	234	147	231	231	231
Korrelationskoeffizient	0,416	0,948	0,938	0,956	0,756	0,962	0,985	0,952	0,966	0,638
Unabhängige Variabeln:										
Mindestreservesatz (m)	–0,360	–0,307	–0,317	–0,426	–0,414	–0,252	–0,402	–0,367	–1,029	8,271
	(0,9)	(2,1)	(1,4)	(1,6)	(1,9)	(1,3)	(1,7)	(2,3)	(0,7)	(1,4)
Auftragseingänge (E)	–0,164	0,013	0,043	–0,023	–0,012	0,019	0,178	–0,572	0,018	0,244
	(1,8)	(0,4)	(0,7)	(0,4)	(0,2)	(0,4)	(0,3)	(1,1)	(0,4)	(0,8)
Kapazitätsauslastung (K)	0,131	0,063	0,071	0,044	0,046	0,060	0,080	0,110	0,808	1,414
	(1,7)	(2,1)	(1,2)	(1,3)	(1,0)	(1,5)	(2,3)	(2,4)	(1,8)	(2,3)
Vorratshaltung (V/R)	0,218	0,229	0,278	0,202	0,125	0,254	0,199	0,249	0,247	0,274
	(8,6)	(8,8)	(6,0)	(6,2)	(2,3)	(8,4)	(5,0)	(6,4)	(7,5)	(6,6)
Branchenkoeffizienten:										
Bergbau		4,029	4,924	3,611		–39,235	3,541	4,183	31,974	–35,063
		(2,9)	(2,0)	(2,2)		(17,3)	(1,7)	(2,6)	(2,2)	(0,6)
Energie		11,357	12,477	10,688	9,633		13,964	9,674	98,228	45,853
		(8,1)	(4,9)	(6,3)	(6,2)		(7,0)	(5,9)	(6,6)	(0,8)
Chemie		3,444	3,712	3,305	3,759		5,089	2,475	40,320	73,613
		(2,6)	(1,5)	(2,0)	(2,9)		(2,3)	(1,6)	(2,9)	(1,3)
Steine, Zement		6,654	8,109	5,797	6,072		6,238	7,419	72,857	–36,565
		(5,0)	(3,4)	(3,6)	(4,8)		(4,2)	(4,9)	(5,2)	(0,7)
Keramik, Glas		3,372	4,198	2,961		–40,006	4,120	3,947	37,869	–63,589
		(2,5)	(1,7)	(1,8)		(18,6)	(2,8)	(2,3)	(2,6)	(1,2)

Eisen, Stahl	6,172	5,678	6,516		−37,816	9,510	4,238	42,946	93,302
	(4,5)	(2,3)	(3,9)		(22,7)	(4,3)	(2,6)	(2,9)	(1,7)
NE-Metalle	5,291	6,304	4,525	8,987		0,167	9,406	106,806	310,715
	(3,3)	(2,2)	(2,3)	(3,9)		(0,1)	(4,8)	(6,4)	(5,3)
Stahlbau	−5,234	−7,567	−3,984		−50,181	−3,694	−4,064	−88,850	76,820
	(2,7)	(2,2)	(1,7)		(34,7)	(1,3)	(1,6)	(3,6)	(1,4)
Maschinenbau	−1,354	−2,582	−0,743		−45,901	1,856	−3,292	−33,120	105,840
	(0,8)	(0,8)	(0,4)		(31,2)	(0,8)	(1,6)	(1,7)	(1,9)
Fahrzeugbau	6,331	6,886	5,945	6,337		7,138	6,086	55,130	−1,365
	(4,7)	(2,8)	(3,6)	(4,8)		(3,8)	(4,0)	(3,8)	(0,02)
Elektrotechnik	−4,526	−6,180	−3,500	−1,216		−2,450	−5,464	−44,852	50,495
	(2,9)	(2,2)	(1,8)	(0.6)		(1,0)	(3,0)	(2,6)	(0,9)
Feinmechanik/Optik	−3,477	−3,784	−3,436		−47,579	−2,083	−1,860	−58,661	−2,768
	(2,5)	(1,5)	(2,0)		(29,6)	(1,0)	(0,7)	(3,6)	(0,1)
EBM-Waren	3,111	2,111	3,539		−40,849	5,613	2,747	57,893	1,113
	(2,3)	(0,9)	(2,1)		(24,4)	(3,6)	(1,6)	(3,8)	(0,02)
Papier, Druck	2,522	2,399	2,605		−41,339	1,432	3,853	44,562	11,053
	(1,9)	(1,08)	(1,6)		(23,9)	(0,9)	(2,6)	(3,1)	(0,2)
Leder	−7,667	−8,857	−7,104		−52,214	−9,270	−5,360	−67,753	91,600
	(4,7)	(3,0)	(3,5)		(37,4)	(2,8)	(2,4)	(4,3)	(1,6)
Textil, Bekleidung	−1,006	−1,423	−0,730		−45,211	0,029	−1,759	−26,491	70,150
	(0,7)	(0,6)	(0,4)		(30,0)	(0,01)	(1,0)	(1,5)	(1,3)
Brauerei	2,541	3,306	2,202		−40,831	3,410	1,984	20,601	−74,929
	(1,9)	(1,4)	(1,4)		(19,2)	(2,2)	(1,3)	(1,5)	(1,4)
Nahrung und Genuß	3,403	1,612	4,325		−41,063	3,260	3,550	45,671	176,724
	(2,1)	(0,6)	(2,2)		(29,1)	(1,4)	(1,9)	(2,7)	(3,1)
Baugewerbe	12,311	11,919	12,614	11,261		11,649	13,131	126,004	8,369
	(9,1)	(4,9)	(7,7)	(8,3)		(7,6)	(8,5)	(8,8)	(0,2)
Großhandel	44,688	40,182	47,330		37,116	57,392	37,004	457,510	348,204
	(25,7)	(12,7)	(22,3)		(5,9)	(21,5)	(18,3)	(24,7)	(6,2)
Einzelhandel	−5,120	10,139	1,797	2,749		−4,962	−7,136	−91,997	−35,279
	(1,1)	(1,2)	(0,3)	(0,4)		(1,0)	(1,7)	(1,5)	(0,2)

*) Die Werte in den Klammern unter den Regressionskoeffizienten geben jeweils die Prüfgröße |t| an.

eingeführt, daß für $B_j = 1$ die Variablen $B_n = 0$ sind (mit $n = 1, 2, 3, \ldots, 21$ und $n \neq j$).

Theoretisch erklärt sich die Notwendigkeit, solche „dummies" einzuführen, daraus, daß die hier unterstellten ökonomischen Beziehungen zwischen dem Lieferantenkredit und den einzelnen erklärenden Variablen wahrscheinlich zwar für alle Sektoren, aber mit unterschiedlichem Gewicht gelten[164].

Ein Versuch, unseren Ansatz für alle Aktiengesellschaften der hier erfaßten Wirtschaftsgruppen ohne Berücksichtigung sektoraler Besonderheiten zu schätzen, erbrachte die statistisch unbefriedigenden Ergebnisse der Spalten (1) in den Tabellen 7 und 8, die nicht weiter diskutiert werden.

Die Einführung der Schockvariablen B_j für die Wirtschaftsgruppen verbessert die statistischen Ergebnisse entscheidend, wie die Spalten (2) zeigen, in denen die Schätzungen für den gesamten Zeitraum 1950–1967 angegeben sind. Die Strammheit des Zusammenhangs wird erheblich größer: die Korrelationskoeffizienten – korrigiert um die Zahl der zusätzlichen Variablen – steigen von 0,492 bei den gewährten und 0,416 bei den empfangenen Lieferantenkrediten auf 0,949 bzw. 0,948.

Ein ähnliches Resultat erhält M. Nerlove durch die Einführung von „industry-dummies" bei Querschnittsanalysen mit Unternehmen verschiedener Wirtschaftsgruppen. Er schließt daraus auf erhebliche branchenspezifische Einflüsse[165].

Unser Ergebnis deutet ebenfalls auf wesentliche Unterschiede im Kreditverhalten der Unternehmen verschiedener Wirtschaftsgruppen hin und läßt vermuten, daß eine eingehende Untersuchung unserer speziellen Fragestellung nach Wirtschaftsgruppen Unterschiede im Kreditverhalten an den Tag bringen wird, die aus den Ergebnissen der intertemporalen Querschnittsanalysen nicht zu erkennen sind.

Nach den früheren Darlegungen über das wahrscheinliche Verhalten eines „typischen" Unternehmers in verschiedenen Konjunkturphasen könnte man eine Asymmetrie in den Veränderungen der Lieferantenkredite vermuten. Es wäre denkbar, daß in Phasen expansiver Geldpolitik das Kreditverhalten nicht nur der Richtung nach ein wesentlich anderes ist als in Phasen kontraktiver Geldpolitik. Solche Unterschiede könnte eine Querschnittsanalyse über den Gesamtzeitraum nicht aufdecken.

Aus diesem Grunde sind für unsere Hypothesen in einem weiteren Versuch

[164] Auf die unterschiedliche Bedeutung der Lieferantenkredite für verschiedene Wirtschaftsgruppen macht bereits *G. Bringmann* [17, S. 62 ff.] aufmerksam; *K. Engelen* hält in seiner Übersicht über amerikanische Ergebnisse den Wirtschaftssektor und die Wirtschaftsgruppe für entscheidende Strukturelemente des Lieferantenkredits [42, S. 56 f.]; und schließlich findet man in der Veröffentlichung der Deutschen Bundesbank „Die Jahresabschlüsse von Unternehmen für 1965 und 1966" die Äußerung, daß die festgestellten Veränderungen der Verbindlichkeiten und der Forderungen aus Warenlieferungen „nicht so sehr von der Rechtsform als solcher bestimmt sind, sondern von den Unterschieden in den einzelnen Branchen" (loc. cit., S. 30 f.).

[165] *M. Nerlove* [122, S. 36 ff.].

für die 11 Jahre neutraler und expansiver Geldpolitik (1950, 1952, 1953, 1954, 1957, 1958, 1961, 1962, 1963, 1964, 1967) und für die 7 Restriktionsjahre (1951, 1955, 1956, 1959, 1960, 1965, 1966) des gesamten Beobachtungszeitraumes getrennte Schätzungen durchgeführt worden. Die statistischen Ergebnisse dieser Schätzungen sind in den Spalten (3) und (4) der Tabellen 7 und 8 angegeben.

Aus den früher besprochenen Untersuchungen von R. F. Henderson geht hervor, daß sich für England Unterschiede im Kreditverhalten vor allem für die Wachstumsindustrien zeigen. Im Radcliffe-Report wird angeführt, daß nach den Befragungsergebnissen der Lieferantenkredit für die schnell wachsenden Industrien von besonderer Bedeutung sei[166]. Das ist Grund genug, auch hier für die besonders stark wachsenden und für die weniger stark wachsenden Wirtschaftsgruppen getrennte Schätzungen unserer Hypothesen vorzunehmen.

Es wurden für diesen Versuch die 8 Wirtschaftsgruppen, deren Gesellschaften überdurchschnittlich hohe Wachstumsraten der Umsätze und des Anlagevermögens erzielten (Energie, Chemie, Steine und Zement, NE-Metalle, Fahrzeugbau, Elektroindustrie, Baugewerbe und Einzelhandel), von den übrigen 13 Wirtschaftsgruppen getrennt. Die Spalten (5) und (6) der Tabellen 7 und 8 enthalten die Schätzergebnisse dieses Versuches über das Kreditverhalten der Wirtschaftsgruppen hohen und geringeren Wachstums.

Die Spalten (9) der Tabellen 7 und 8 enthalten die Regressionskoeffizienten für die großen Aktiengesellschaften mit einer Bilanzsumme von 50 und mehr Mill. DM (Stand 1961), die Spalten (10) enthalten die Schätzergebnisse für die kleineren Gesellschaften mit einer Bilanzsumme von unter 50 Mill. DM.

Es wurde bereits darauf hingewiesen, daß man der Analyse unterschiedlicher Größenklassen im Rahmen der Aktiengesellschaften im allgemeinen nur eine beschränkte Bedeutung beimessen kann. Aber immerhin spielen in unserem Beobachtungsmaterial die kleinen und mittleren Aktiengesellschaften mit einer Bilanzsumme von weniger als 50 Mill. DM, wie die *Tabelle 3* (S. 59) gezeigt hat, in einigen Wirtschaftsgruppen eine so bedeutende Rolle, daß eine getrennte Untersuchung für die großen und die kleineren Gesellschaften durchaus zusätzliche Erkenntnisse bringen könnte.

Da Angaben für die großen und die kleineren Gesellschaften nur für den Zeitraum von 1957 bis 1967 vorhanden sind und der Untersuchungszeitraum sich also von dem der Querschnittsanalyse für alle Aktiengesellschaften unterscheidet, liegt der Einwand nahe, die Unterschiede zwischen den Schätzungen für alle Aktiengesellschaften (Spalten 2) und für große und kleinere Aktiengesellschaften (Spalten 9 und 10) könnten auf den unterschiedlichen Zeitraum und auf damit verbundene Strukturbrüche zurückgehen.

Um diese Möglichkeit und gleichzeitig die Stabilität der Schätzungen für den Gesamtzeitraum 1950–1967 zu prüfen, sind die Schätzungen für alle Aktien-

[166] op. cit., para. 306, S. 105.

gesellschaften auch über die Teilzeiträume 1950–1956 und 1957–1967 durchgeführt worden. Die Ergebnisse dieser Berechnungen finden sich in den Spalten (7) und (8) der Tabellen 7 und 8.

Der Chow-Test ist ein brauchbares statistisches Verfahren zur Überprüfung der Stabilität bzw. der Signifikanz von Unterschieden der Schätzungen für verschiedene Teilgesamtheiten[167]. Die Prüfgröße dieses Tests besitzt eine F-Verteilung mit k und (m+n–2k) Freiheitsgraden. Sie lautet $F = \frac{(Q_1 - Q_2)/k}{Q_2/(m+n-2k)}$; dabei bedeuten:

Q_1 die Summe der Restvarianzen aus einer Regression für alle m+n Beobachtungen (R_{m+n});

Q_2 die Summe der summierten Restvarianzen aus den Regressionen für die beiden Teilgesamtheiten m und n ($R_m + R_n$).

In der *Tabelle 9* sind die Prüfgrößen des Chow-Tests für unsere Schätzergebnisse zusammengestellt. Prüfwerte, die größer sind als die Erwartungswerte nach der F-Verteilung, deuten auf wesentliche Unterschiede in den Schätzungen hin; in solchen Fällen muß die Hypothese, daß die untersuchten Stichproben aus einer Gesamtheit stammen, verworfen werden. Wo die Unterschiede zwischen den Schätzungen für die Teilgesamtheiten nicht wesentlich sind, kann mit einer gemeinsamen Schätzung für die Gesamtheit gearbeitet werden.

Die Ergebnisse des Chow-Tests für die Teilgesamtheiten „Restriktionsjahre" und „übrige Phasen" in der ersten Rubrik deuten darauf hin, daß die Unter-

Tabelle 9: Chow-Test zur Überprüfung der Signifikanz der Unterschiede verschiedener Schätzungen, berechnete F-Werte*

	$\frac{LK_g}{R}$	$\frac{LK_e}{R}$
1. Restriktionsphasen vs. übrige Phasen (1950–67)	0,36	0,79
2. Wirtschaftsgruppen hohen Wachstums vs. Wirtschaftsgruppen geringeren Wachstums (1950–67)	0,69	0,77
3. große Aktiengesellschaften vs. kleinere Aktiengesellschaften	6,50	8,58
4. alle Aktiengesellschaften 1950–56 vs. 1957–67	7,26	4,38
5. Restriktionsphasen vs. übrige Phasen (1957–67)	0,69	0,49
6. Wirtschaftsgruppen hohen Wachstums vs. Wirtschaftsgruppen geringeren Wachstums (1957–67)	0,23	0,46

* Der Erwartungswert nach der F-Verteilung bei einer Irrtumswahrscheinlichkeit von 5 % ist F = 1,56.

schiede in den Schätzungen (Tabellen 7, 8, Spalten 3 und 4) nicht wesentlich sind. Das Kreditverhalten der westdeutschen Aktiengesellschaften kann danach

[167] *G. C. Chow* [20, S. 591 ff.]. Zur Beurteilung des Chow-Tests und zum praktischen Vorgehen vgl. *J. Johnston* [80, S. 136 ff.].

sowohl bezüglich der gewährten wie der empfangenen Lieferantenkredite mit hoher Wahrscheinlichkeit durch eine einzige Verhaltensgleichung korrekt wiedergegeben werden.

In der zweiten Rubrik der Tabelle 9 sind die Prüfgrößen für die Teilgesamtheiten „Wirtschaftsgruppen hohen Wachstums" und „Wirtschaftsgruppen geringeren Wachstums" angegeben. Auch in diesem Fall zeigen sich nach dem Chow-Test keine wesentlichen Unterschiede in den Schätzungen (Tabellen 7, 8, Spalten 5 und 6); auch hier kann das Lieferantenkreditverhalten sowohl bezüglich der gewährten wie bezüglich der empfangenen Kredite durch eine gemeinsame Verhaltensgleichung mit hoher Wahrscheinlichkeit korrekt wiedergegeben werden.

Die Tabelle 9 enthält in der dritten Rubrik die Ergebnisse des Chow-Tests für die Teilgesamtheiten „große Aktiengesellschaften" und „kleinere Aktiengesellschaften". In diesem Fall deutet die Höhe der Prüfgrößen auf wesentliche Unterschiede in den Schätzungen (Tabellen 7, 8, Spalten 9 und 10) hin; hier kann also das Lieferantenkreditverhalten durch eine gemeinsame Schätzgleichung für große und kleinere Aktiengesellschaften nicht korrekt wiedergegeben werden. Sowohl bei den gewährten wie bei den empfangenen Lieferantenkrediten muß die Gesamtheit in große und kleinere Aktiengesellschaften getrennt werden, und erst die Analyse dieser Teilgesamtheiten wird ein genügend scharfes Bild vom Lieferantenkreditverhalten der westdeutschen Aktiengesellschaften vermitteln können.

Die Anwendung des Chow-Tests auf die Schätzungen für die Teilgesamtheiten 1950–1956 und 1957–1967 für alle Aktiengesellschaften (Tabellen 7, 8, Spalten 7 und 8) erbringt ebenfalls signifikante Ergebnisse, wie die Prüfgrößen in der Rubrik 4 der Tabelle 9 zeigen. Daraus folgt, daß von einer Stabilität der Schätzung für alle Aktiengesellschaften über den Gesamtzeitraum 1950–1967 nicht ausgegangen werden kann; die Beobachtungen für die Zeiträume 1950 bis 1956 und 1957–1967 gehören anscheinend nicht zu einer Gesamtheit. Man wird also auch hier für eine Untersuchung des Lieferantenkreditverhaltens die Gesamtheit in die beiden Teilgesamtheiten 1950–1956 und 1957–1967 trennen müssen.

Um sicherzustellen, daß die früher für den Gesamtzeitraum 1950–1967 gefundenen Ergebnisse bezüglich der verschiedenen geldpolitischen Phasen und bezüglich der Wirtschaftsgruppen unterschiedlichen Wachstums auch für den nun relevanten Zeitraum 1957–1967 gelten, wurde der Chow-Test für diese Teilgesamtheiten noch einmal durchgeführt. Die Rubriken 5 und 6 der Tabelle 9 enthalten die entsprechenden Prüfgrößen. Es zeigt sich, daß sich auch für den Zeitraum 1957–1967 keine wesentlichen Unterschiede in den Schätzungen für „Restriktionsphasen" und „übrige Phasen" sowie für „Wirtschaftsgruppen hohen Wachstums" und „Wirtschaftsgruppen geringeren Wachstums" nachweisen lassen.

Faßt man die bisherigen Ergebnisse zusammen, so ergibt sich das folgende Bild:

1. Es sind wesentliche Unterschiede im Lieferantenkreditverhalten der Aktiengesellschaften verschiedener Wirtschaftsgruppen festzustellen.
2. Es zeigen sich wesentliche Unterschiede im Lieferantenkreditverhalten der Aktiengesellschaften für die Beobachtungsperioden 1950–1956 und 1957 bis 1967.
3. Es lassen sich wesentliche Unterschiede im Lieferantenkreditverhalten großer und kleinerer Aktiengesellschaften nachweisen.
4. Die zunächst vermuteten Unterschiede im Lieferantenkreditverhalten in geldpolitischen Restriktionsphasen und in den übrigen Phasen sowie zwischen Wirtschaftsgruppen hohen und geringeren Wachstums sind nicht festzustellen.

Für eine eingehende Diskussion der für unseren Untersuchungszweck wichtigen Schätzergebnisse aus den intertemporalen Querschnittsanalysen können wir uns nach den Ergebnissen des Chow-Tests nun auf die Schätzgleichungen der Spalten (7), (9) und (10) in den Tabellen 7 und 8 beschränken. Nur diese Schätzungen für die Teilgesamtheiten „alle Aktiengesellschaften 1950–1956", „große Aktiengesellschaften 1957–1967" und „kleinere Aktiengesellschaften 1957 bis 1967" sind hinreichend stabil, um die empirische Grundlage einer konjunkturpolitischen Beurteilung des Lieferantenkreditverhaltens bilden zu können[168].

Für den Vergleich und die Diskussion der verschiedenen Schätzungen ist es zweckmäßig, die statistischen Ergebnisse weiter aufzubereiten und Elastizitätskoeffizienten anzugeben.

Eine solche Darstellung der statistischen Zusammenhänge in Form von dimensionslosen Elastizitätskoeffizienten besitzt neben dem speziellen Vorteil der größeren Übersichtlichkeit im vorliegenden Fall den generellen Vorzug der besseren Vergleichbarkeit prozentualer Veränderungen.

Die *Tabelle 10* zeigt für die drei nach dem Stabilitätstest verbliebenen Schätzgleichungen die Durchschnittselastizitäten, die die prozentualen Veränderungen der gewährten bzw. der empfangenen Lieferantenkredite in bezug auf einprozentige Änderungen der geldpolitischen Variablen, der Auftragseingänge, der Kapazitätsauslastung, der Liquiditätslage bzw. der Vorratshaltung im Durchschnitt der Untersuchungsperiode angeben.

Betrachtet man zunächst die für unsere Untersuchung besonders interessante Beziehung zwischen den Veränderungen der gewährten und der empfangenen Lieferantenkredite einerseits und den Veränderungen der geldpolitischen Variablen andererseits, so zeigen sich nach unseren empirischen Untersuchungen für die drei verbliebenen Stichproben drei verschiedene Ergebnisse.

[168] Die Schätzungen „alle Aktiengesellschaften, 1950–1956" (Tabellen 7, 8, Spalten 7) sind vor allem für die historische Beschreibung der Veränderungen der gewährten und empfangenen Lieferantenkredite in der angesprochenen Periode interessant. In Ermangelung entsprechend disaggregierter Angaben für große und kleinere Aktiengesellschaften wird für die Periode 1950–56 die Schätzung für alle Aktiengesellschaften als beste Approximation des wahren Zusammenhanges verwendet.

Tabelle 10: Ausgewählte *Durchschnitts*elastizitäten[169]

		Aktiengesellschaften aller 21 Wirtschaftsgruppen		
Vergabe von Lieferantenkrediten (LK_g/R)		*alle* AG (1950–56)	*große* AG (1957–67)	*kleinere* AG (1957–67)
Argumente:	m	–0,39	–0,03*	0,23
	E	0,19	–0,10*	0,12
	K	0,57	0,10*	–0,04*
	L/R	0,10	0,11	0,14
Aufnahme von Lieferantenkrediten (LK_e/R)				
Argumente:	m	–0,23	–0,07*	0,25
	E	0,03*	0,14*	0,08*
	K	0,50	0,58	0,95
	V/R	0,66	0,72	0,72

Für den Zeitraum 1950–1956 läßt sich ein gesicherter negativer Zusammenhang zwischen den aufgenommenen und den empfangenen Lieferantenkrediten der westdeutschen Aktiengesellschaften und den geprüften geldpolitischen Variablen nachweisen. Eine Zunahme (Abnahme) des effektiven Mindestreservesatzes in einer Phase geldpolitischer Restriktion (Expansion) war im Durchschnitt der Untersuchungsperiode ceteris paribus mit einer Abnahme (Zunahme) der gewährten und der empfangenen Lieferantenkredite verbunden.

Im Zeitraum 1957–1967 sind für die großen Aktiengesellschaften die Einflüsse der offiziellen Geldpolitik auf die Vergabe und die Aufnahme von Lieferantenkrediten als statistisch nicht wesentlich anzusehen; es ist in diesem Fall kein systematischer Zusammenhang zwischen den Lieferantenkrediten und den geldpolitischen Maßnahmen nachzuweisen.

Für die kleineren Aktiengesellschaften ist im Zeitraum 1957–1967 die Richtung des Zusammenhangs zwischen den Änderungen der Lieferantenkredite und der Geldpolitik positiv, d. h. mit einer Zunahme (Abnahme) des effektiven Mindestreservesatzes in einer Phase geldpolitischer Restriktion (Expansion) ging im Durchschnitt der Untersuchungsperiode ceteris paribus eine Zunahme (Abnahme) der gewährten und der empfangenen Lieferantenkredite einher.

Damit haben die empirischen Ergebnisse aus den intertemporalen Querschnittsanalysen für die Aktiengesellschaften aller 21 Wirtschaftsgruppen in bezug auf den Zusammenhang zwischen den Veränderungen der Lieferantenkredite und der Geldpolitik alle drei theoretisch möglichen Lösungen erbracht.

Der Zusammenhang zwischen den gewährten Lieferantenkrediten und den Auftragseingängen kann nur für 1950–1956 und für die kleineren Aktiengesellschaften als gesichert gelten. Die Änderungsrichtung ist in diesen Fällen gleichläufig, d. h., eine Zunahme (Abnahme) der Auftragseingänge war ceteris paribus mit einer Zunahme (Abnahme) der gewährten Lieferantenkredite verbunden.

[169] Berechnet aus den Regressionskoeffizienten der Spalten (7), (9), (10) der Tabellen 7 und 8. Die mit * versehenen Elastizitätskoeffizienten sind statistisch nicht gesichert.

Dieses Ergebnis bestätigt zunächst nicht die Hypothese von B. Hansen und T. Nilsson, daß in Zeiten eines konjunkturellen Aufschwungs bei Vorliegen eines sogenannten Verkäufermarktes die Unternehmen relativ weniger Lieferantenkredite gewähren[170]. Positive Absatzerwartungen scheinen danach die Kreditbereitschaft der Unternehmen zu erhöhen und sie zu größerer Kreditvergabe zu veranlassen.

Für die großen Aktiengesellschaften zeigt sich ein solcher Zusammenhang zwischen der Lieferantenkreditvergabe und den Auftragseingängen nicht. Ein signifikanter Einfluß der Auftragseingänge auf die Höhe der empfangenen Lieferantenkredite ist in keinem der untersuchten Fälle nachzuweisen.

Zwischen den gewährten Lieferantenkrediten und der Kapazitätsauslastung kann nur für die Periode 1950—1956 ein gesicherter Zusammenhang nachgewiesen werden; bei den empfangenen Lieferantenkrediten zeigt sich ein Zusammenhang mit der Kapazitätsauslastung auch für die großen und die kleineren Aktiengesellschaften in der Zeit von 1957 bis 1967.

In den genannten Fällen ist die Kapazitätsauslastung positiv mit den Lieferantenkrediten verbunden. Zunehmende (abnehmende) Auslastung der Produktionskapazitäten vergrößert (verringert) ceteris paribus die Kreditaufnahmebereitschaft der betrachteten Unternehmen.

Nach diesen Ergebnissen scheint zwar die Kapazitätsauslastung entscheidender für die Kredit*aufnahme* zu sein als für die Kredit*vergabe* und hier besonders für die kleineren Aktiengesellschaften, wie ein Vergleich der Elastizitätskoeffizienten zeigt; insoweit kann man der früher angeführten These von W. H. White zustimmen, wonach kleinere Unternehmen bei hoher Kapazitätsauslastung einen relativ hohen Kreditbedarf haben[171]. Daß jedoch die größeren Gesellschaften weniger Lieferantenkredite gewähren, wenn ihre Produktionskapazitäten voll ausgelastet sind, wie White für die USA vermutet, bestätigen unsere bisherigen Ergebnisse für die westdeutschen Aktiengesellschaften aller Wirtschaftsgruppen nicht.

Zwischen der Vergabe von Lieferantenkrediten und der Liquiditätsposition der Unternehmer scheint in allen Fällen ein positiver Zusammenhang vorzuliegen.

Ein im Vergleich zum Umsatz größerer (geringerer) Bestand an liquiden Mitteln war ceteris paribus im Durchschnitt der Untersuchungsperiode mit einer Zunahme (Abnahme) der gewährten Lieferantenkredite verbunden; dabei war die prozentuale Veränderung des Lieferantenkredits im Durchschnitt der Periode 1957—1967 bei größeren Aktiengesellschaften geringer als bei den kleineren Gesellschaften.

Die Annahme, daß für die Veränderungen der aufgenommenen Lieferantenkredite die Lagerhaltung eine bedeutende Rolle spielt, wird durch die statisti-

[170] *B. Hansen* und *T. Nilsson* [69, S. 107].
[171] *W. H. White* [185, S. 945].

schen Ergebnisse bestätigt. Für alle betrachteten Stichproben kann ein positiver Zusammenhang zwischen diesen Größen als gesichert gelten.

Eine relative Zunahme (Abnahme) der Lagerhaltung war im Durchschnitt der Untersuchungsperiode mit einer entsprechenden Ausdehnung (Einschränkung) der aufgenommenen Lieferantenkredite verbunden. Danach ist es den westdeutschen Aktiengesellschaften anscheinend gelungen, einer stärkeren finanziellen Anspannung infolge größerer Lagerhaltung zum großen Teil durch eine höhere Lieferantenkreditaufnahme zu begegnen.

Dieser Einfluß der Lagerhaltung auf die Lieferantenkreditaufnahme ist nach unseren Schätzungen bei den kleineren Aktiengesellschaften ebenso stark wie bei den großen Aktiengesellschaften. Der relativ hohe Elastizitätskoeffizient könnte auf die Marktmacht der hier erfaßten Gesellschaften hindeuten. Für England berichten J. A. Bates und M. Stewart, daß die Zeitspanne zwischen Leistungsempfang und Zahlung bei den Aktiengesellschaften besonders groß sei; die Ursache dafür liege in der schwächeren Marktstellung der kleineren Lieferanten[172].

Die für den weiteren Verlauf der Diskussion wichtigen Ergebnisse der Schätzungen aus den intertemporalen Querschnittsvergleichen für die Aktiengesellschaften aller 21 Wirtschaftsgruppen lassen sich wie folgt zusammenfassen:

1. Die Einführung von Schockvariablen für die einzelnen Wirtschaftsgruppen („industry-dummies") verbessert die Schätzungen so erheblich, daß wesentliche Unterschiede im Lieferantenkreditverhalten der Unternehmen verschiedener Wirtschaftsbereiche wahrscheinlich sind.
2. Es zeigen sich statistisch signifikante Unterschiede zwischen den Schätzungen für große und kleinere Aktiengesellschaften.
3. Über den Zusammenhang zwischen den Veränderungen der Lieferantenkredite und der offiziellen Geldpolitik, auf den es uns hier besonders ankommt, lassen sich bisher keine eindeutigen Aussagen machen. Die drei nach dem Chow-Test hinreichend stabilen Schätzgleichungen haben alle drei theoretisch möglichen Zusammenhänge erbracht: für eine Stichprobe zeigt sich ein negativer Zusammenhang, für eine zweite Stichprobe ein positiver Zusammenhang, für eine dritte Stichprobe war ein systematischer Zusammenhang zwischen den Veränderungen der Lieferantenkredite und der offiziellen Geldpolitik nicht nachzuweisen.

Wir sind also durch die bisherigen empirischen Untersuchungen mit Hilfe der intertemporalen Querschnittsanalysen nur in bezug auf zwei Punkte über die theoretische Spekulation hinausgekommen: Unsere Ergebnisse deuten auf wesentliche Unterschiede im Lieferantenkreditverhalten der Unternehmen verschiedener *Wirtschaftsgruppen* und verschiedener *Größe* hin.

Im folgenden ist daher zu prüfen, wie sich die für die westdeutschen Aktien-

[172] *J. A. Bates* and *M. Stewart* [9, S. 146].

gesellschaften aller Wirtschaftsgruppen aus den intertemporalen Querschnittsanalysen gefundenen Ergebnisse verändern, wenn wir das Lieferantenkreditverhalten der großen und kleineren Aktiengesellschaften nach einzelnen Wirtschaftsgruppen untersuchen.

3.4.3. Die statistischen Ergebnisse aus Zeitreihenanalysen für einzelne Wirtschaftsgruppen

Für unser Hauptproblem, den Zusammenhang zwischen dem Lieferantenkredit und der offiziellen Geldpolitik, erwarten wir eine Lösung aus einer nach Wirtschaftsgruppen und Unternehmensgröße differenzierten empirischen Analyse.

Die statistische Überprüfung unserer Regressionsansätze wurde zunächst für jede der 21 Wirtschaftsgruppen nach großen und kleineren Aktiengesellschaften getrennt vorgenommen, um eventuell vorhandene Unterschiede im Kreditverhalten der großen und kleineren Aktiengesellschaften herauszufinden.

Wie früher bereits ausgeführt wurde, verfügen wir mit dem Chow-Test über ein brauchbares Verfahren zur Überprüfung der statistischen Signifikanz von Unterschieden der Schätzungen für verschiedene Teilgesamtheiten. Unter Anwendung des Chow-Tests wurden für jede der 21 hier betrachteten Wirtschaftsgruppen die Schätzgleichungen der Teilgesamtheiten große und kleinere Aktiengesellschaften auf signifikante Unterschiede hin geprüft.

Die *Tabelle 11* enthält die entsprechenden Prüfgrößen. Wesentliche Unterschiede im Lieferantenkreditverhalten der großen und kleineren Aktiengesellschaften müssen bei den Wirtschaftsgruppen vermutet werden, deren Prüfgrößen größer sind als der Erwartungswert nach der F-Verteilung; in diesen Fällen müssen getrennte Schätzgleichungen für große und kleinere Aktiengesellschaften angegeben werden. Nur wo sich wesentliche Unterschiede nicht nachweisen lassen, darf eine einzige Schätzgleichung als hinreichende Approximation des Kreditverhaltens angesehen werden.

Nach den Ergebnissen der Tabelle 11 kann bezüglich der gewährten Lieferantenkredite nur in den sieben Wirtschaftsgruppen Chemie, Keramik und Glas, Eisen und Stahl, Stahlbau, Fahrzeugbau, Papier und Druck, Textil und Bekleidung mit einer gemeinsamen Schätzgleichung für große und kleinere Aktiengesellschaften gearbeitet werden. In den übrigen 14 Fällen sind mit hoher Wahrscheinlichkeit wesentliche Unterschiede im Kreditverhalten der großen und kleineren Aktiengesellschaften vorhanden, so daß hier getrennte Verhaltensgleichungen angegeben werden müssen.

Bei den empfangenen Lieferantenkrediten kommt man in den 9 Wirtschaftsgruppen Energie, Chemie, Steine und Erden, Keramik und Glas, Eisen und Stahl, Stahlbau, Maschinenbau, Papier und Druck, Textil und Bekleidung mit einer einzigen Verhaltensgleichung aus. In den übrigen 12 Fällen deuten die Prüfgrößen auf wesentliche Unterschiede hin, und nur getrennte Schätzgleichun-

Tabelle 11: Chow-Test zur Überprüfung der Signifikanz der Unterschiede der Schätzungen für große und kleinere Aktiengesellschaften der 21 Wirtschaftsgruppen, berechnete F-Werte*

Wirtschaftsgruppen	$\frac{LK_g}{R}$	$\frac{LK_e}{R}$
1. Bergbau	2,98	9,61
2. Energie	8,43	1,62
3. Chemie	0,97	0,15
4. Steine, Erden, Zement	24,34	1,86
5. Keramik, Glas	2,09	0,43
6. Eisen, Stahl	1,25	1,07
7. NE-Metalle	3,92	4,50
8. Stahlbau	1,65	1,44
9. Maschinenbau	2,98	1,02
10. Fahrzeugbau	1,21	29,57
11. Elektrotechnik	3,92	3,70
12. Feinmechanik, Optik	8,37	8,72
13. EBM-Waren	12,71	4,50
14. Papier, Druck	1,12	1,53
15. Leder	23,92	3,20
16. Textil, Bekleidung	0,32	1,55
17. Brauerei	3,85	6,43
18. Nahrung und Genuß	3,51	6,20
19. Baugewerbe	24,82	3,47
20. Großhandel	12,36	5,01
21. Einzelhandel	39,74	9,51

* Der Erwartungswert nach der F-Verteilung bei einer Irrtumswahrscheinlichkeit von 5 % ist F = 2,81.

gen für große und kleinere Aktiengesellschaften können hier die Veränderungen der Lieferantenkreditaufnahme hinreichend genau wiedergeben.

3.4.3.1. *Die Schätzergebnisse für die gewährten Lieferantenkredite*

Die *Tabelle* 12 enthält zeilenweise gelesen die empirischen Ergebnisse der Schätzungen für die gewährten Lieferantenkredite der Aktiengesellschaften der 21 hier betrachteten Wirtschaftsgruppen über den Zeitraum 1957—1967. Nur für die 14 Wirtschaftsgruppen, für die sich nach dem Chow-Test signifikante Unterschiede für große und kleinere Gesellschaften gezeigt haben, sind getrennte Schätzgleichungen angegeben worden; für die übrigen 7 Gruppen werden gemeinsame Verhaltensgleichungen für alle Aktiengesellschaften unterstellt.

Die t-Werte in den Klammern unter den Regressionskoeffizienten sind die Prüfgrößen der Steigungsmaße, die KK-Werte in der Spalte (7) sind die Korrelationskoeffizienten, und die DW-Werte in der Spalte (8) sind die Durbin-Watson-Maße, die Prüfgrößen für die Autokorrelation der Residuen.

Die Unbestimmtheitsbereiche der Durbin-Watson-Statistik liegen in unseren Fällen bei einer Irrtumswahrscheinlichkeit von 5 % zwischen 0,68 und 1,77 sowie zwischen 2,23 und 3,32. Für die DW-Werte, die kleiner sind als die Untergrenze 0,68 und größer als die Obergrenze 3,32, kann eine Autokorrelation als gesichert gelten. Für DW-Werte zwischen 1,77 und 2,23 liegt mit der vorgegebenen Irrtumswahrscheinlichkeit keine Autokorrelation der Residuen vor[173].

Tabelle 12: Vergabe von Lieferantenkrediten (LK_g/R) der westdeutschen Aktiengesellschaften, Zeitreihenanalysen nach Wirtschaftsgruppen, 1957–1967*

Wirtschaftsgruppen	Konstante (1)	m (2)	d (3)	E (4)	K (5)	L/R (6)	KK (7)	DW (8)
1. Bergbau								
a) große AG	−222,881	−5,519		0,160	2,135	0,431	0,924	1,4
	(1,9)	(2,6)		(1,8)	(3,9)	(1,4)		
b) kleinere AG	−14,805	−7,440		9,362	1,710	0,104	0,910	3,1
	(0,2)	(1,9)		(3,2)	(2,1)	(0,5)		
2. Energie								
a) große AG	−352,035	−0,183		−0,058	−1,002	−0,004	0,803	2,3
	(5,2)	(0,1)		(1,1)	(1,5)	(0,02)		
b) kleinere AG	451,642	−38,657		0,800	0,569	0,053	0,999	1,7
	(4,3)	(9,9)		(49,6)	(0,5)	(2,3)		
3. Chemie								
alle AG	1154,065	10,490		2,923	−10,051	−0,919	0,938	2,3
	(2,6)	(0,8)		(2,6)	(2,0)	(5,5)		
4. Papier, Druck								
alle AG	−134,478		−13,566	−0,775	3,270	0,940	0,843	1,6
	(1,2)		(2,7)	(0,6)	(2,9)	(2,9)		
5. Keramik, Glas								
alle AG	489,379	1,571		−1,620	−2,868	0,286	0,858	2,1
	(5,2)	(0,6)		(1,8)	(3,1)	(1,3)		
6. Eisen, Stahl								
alle AG	222,658	9,244		7,170	−1,122	−0,802	0,717	1,5
	(1,7)	(1,5)		(2,6)	(0,6)	(2,6)		
7. NE-Metalle								
a) große AG	51,149		2,032	21,342	0,563	−1,448	0,894	1,9
	(0,3)		(0,1)	(3,6)	(0,3)	(1,8)		
b) kleinere AG	−1757,914	161,535		1,296	−5,732	0,157	0,940	2,0
	(1,7)	(3,5)		(1,8)	(0,6)	(0,3)		
8. Stahlbau								
alle AG	−383,406		−73,113	0,355	5,470	0,718	0,810	2,3
	(0,8)		(2,7)	(1,3)	(1,8)	(1,9)		
9. EBM-Waren								
a) große AG	366,273		15,178	−0,079	−2,268	0,256	0,731	2,9
	(2,0)		(1,9)	(0,4)	(2,3)	(1,0)		
b) kleinere AG	−155,294		−19,813	0,339	1,464	−0,248	0,580	1,8
	(0,6)		(1,5)	(1,4)	(1,0)	(0,5)		
10. Fahrzeugbau								
alle AG	−402,116		−24,630	0,096	6,117	−0,094	0,625	2,6
	(0,8)		(1,6)	(0,3)	(1,8)	(0,2)		
11. Maschinenbau								
a) große AG	640,233		4,926	14,408	−3,630	−0,712	0,955	2,0
	(13,4)		(1,3)	(3,3)	(7,4)	(5,3)		
b) kleinere AG	−65,426	−27,939		0,251	4,728	−1,222	0,850	3,0
	(0,3)	(2,7)		(1,8)	(2,1)	(2,1)		

[173] Zur Bestimmung der Ober- und Untergrenzen der Durbin-Watson-Statistik für die Überprüfung positiver und negativer Autokorrelation der Restgrößen vgl. *C. F. Christ* [21, S. 525 ff.].

Wirtschaftsgruppen	Konstante (1)	m (2)	d (3)	E (4)	K (5)	L/R (6)	KK (7)	DW (8)
12. Feinmechanik, Optik								
a) große AG	–231,717	5,613		0,299	0,374	1,046	0,916	2,3
	(2,4)	(1,8)		(2,7)	(0,5)	(4,1)		
b) kleinere AG	–330,422		–36,055	0,162	3,805	4,694	0,918	2,4
	(1,1)		(1,6)	(0,5)	(1,7)	(4,7)		
13. Elektrotechnik								
a) große AG	387,584		6,658	2,263	–2,610	0,647	0,895	1,3
	(3,8)		(1,0)	(0,6)	(2,7)	(3,7)		
b) kleinere AG	1671,084		–7,740	25,136	–16,087	–1,405	0,904	2,4
	(3,8)		(0,5)	(5,1)	(3,5)	(2,0)		
14. Textil, Bekleidung alle AG	448,249		3,533	–0,092	–1,530	–0,348	0,716	1,8
	(4,9)		(0,7)	(1,7)	(2,5)	(3,1)		
15. Leder								
a) große AG	49,341		16,345	–0,160	0,482	0,131	0,680	1,9
	(0,4)		(2,2)	(0,6)	(0,4)	(0,9)		
b) kleinere AG	318,115	19,263		2,408	–2,776	–1,161	0,902	2,2
	(1,1)	(3,1)		(3,1)	(1,0)	(3,0)		
16. Nahrung und Genuß								
a) große AG	–415,893		1,816	0,051	3,827	1,503	0,894	2,3
	(1,1)		(0,3)	(0,4)	(1,3)	(4,3)		
b) kleinere AG	–250,750		0,178	4,055	2,719	1,114	0,931	1,8
	(0,8)		(0,02)	(1,8)	(0,8)	(2,5)		
17. Brauerei								
a) große AG	185,557		–2,376	–0,054	–0,400	0,071	0,962	1,2
	(6,4)		(3,3)	(3,8)	(1,9)	(2,9)		
b) kleinere AG	35,887	0,985		6,207	–0,446	–0,148	0,814	1,9
	(0,3)	(0,6)		(3,0)	(0,34)	(0,4)		
18. Steine, Zement								
a) große AG	427,179		–20,176	0,175	–2,372	–0,647	0,872	1,4
	(1,5)		(2,6)	(0,5)	(2,7)	(2,3)		
b) kleinere AG	662,478		–1,706	–0,598	0,074	0,311	0,921	1,7
	(2,7)		(0,4)	(2,0)	(0,1)	(3,0)		
19. Baugewerbe								
a) große AG	1397,197		53,966	–20,744	–7,540	–0,499	0,964	3,2
	(5,5)		(3,3)	(7,6)	(3,8)	(0,8)		
b) kleinere AG	1997,690		–9,216	–2,298	–19,157	4,506	0,962	2,0
	(4,3)		(0,3)	(2,8)	(4,1)	(7,0)		
20. Großhandel								
a) große AG	560,825		20,654	29,812	–9,558	2,668	0,816	2,0
	(0,9)		(0,8)	(3,1)	(1,4)	(11,5)		
b) kleinere AG	1558,552		55,387	–4,785	–9,223	1,860	0,960	3,1
	(3,0)		(2,1)	(4,0)	(1,7)	(6,6)		
21. Einzelhandel								
a) große AG	52,492		–0,575	–0,016	–0,168	–0,046	0,892	2,2
	(3,4)		(1,3)	(1,9)	(1,7)	(4,3)		
b) kleinere AG	–188,053		–3,460	0,328	–0,304	–0,222	0,886	2,6
	(1,2)		(0,7)	(3,4)	(0,3)	(2,9)		

* Die Werte in den Klammern unter den Regressionskoeffizienten geben jeweils die Prüfgröße |t| an; die KK-Werte in der Spalte (7) sind die Korrelationskoeffizienten, die DW-Werte in der Spalte (8) die Durbin-Watson-Maße.

Tabelle 13: Ausgewählte Durchschnittselastizitäten, nach Wirtschaftsgruppen*

Wirtschaftsgruppen	*Vergabe von Lieferantenkrediten (LKg/R)*			
	G	E	K	L/R
1. Bergbau				
große AG	–0,38	1,30	1,59	0,31*
kleinere AG	–0,41	0,46	1,00	
2. Energie				
große AG			–0,46	
kleinere AG	–1,06	0,40		0,03
3. Chemie		–0,11	–3,66	–0,80
4. Papier	–0,39		2,45	0,25
5. Keramik, Glas		–0,71	–1,75	0,18*
6. Eisen, Stahl	0,40	0,20		–0,22
7. NE-Metalle				
große AG		0,86		–0,38
kleinere AG	0,35	0,33		
8. Stahlbau	–0,70	0,97*	1,34	0,43
9. EBM-Waren				
große AG	0,36		–1,39	
kleinere AG	–0,31	1,45*		
10. Fahrzeugbau	–0,65		1,71	
11. Maschinenbau				
große AG	0,06*	0,32	–1,08	–0,41
kleinere AG	–0,93	0,99	1,66	–0,47
12. Feinmechanik, Optik				
große AG	0,24	1,51		0,24
kleinere AG	–0,42		1,10	0,86
13. Elektrotechnik				
große AG			–0,76	0,40
kleinere AG		1,14	–4,37	–0,60
14. Textil, Bekleidung		–0,43	–0,70	–0,12
15. Leder				
große AG	0,38			
kleinere AG	0,63	0,68		–0,50
16. Nahrung und Genuß				
große AG			3,01*	0,94
kleinere AG		0,44		0,48
17. Brauerei				
große AG	–0,09	–0,58	–0,42	0,05
kleinere AG		1,10		
18. Steine, Zement				
große AG	–0,35		–1,08	–0,48
kleinere AG		–4,11		0,27
19. Baugewerbe				
große AG	0,48	–1,07	–1,76	
kleinere AG		–0,46	–3,59	1,06
20. Großhandel				
große AG		0,78	–1,32*	0,62
kleinere AG	0,20	–0,26	–0,89	0,37
21. Einzelhandel				
große AG	–0,17*	–1,27	–1,30	–0,53
kleinere AG		4,95	–0,45	–0,38

* Berechnet aus den Regressionskoeffizienten der Tabelle 12. Die mit * versehenen Elastizitätskoeffizienten sind aus Regressionsparametern ermittelt, die nur mit einer Irrtumswahrscheinlichkeit von 20 v. H. gesichert sind.

Nach unseren Ergebnissen für die gewährten Lieferantenkredite ist eine Autokorrelation der Restgrößen zwar in einigen Fällen möglich, sie ist aber in keinem der untersuchten Fälle statistisch gesichert.

Im Interesse der besseren Übersichtlichkeit und Vergleichbarkeit werden aus den Regressionsparametern, die mit einem statistischen Fehler von höchstens 20 % behaftet sind, Elastizitätskoeffizienten berechnet.

Diese Koeffizienten, die die prozentualen Veränderungen der gewährten Lieferantenkredite in bezug auf 1 %ige Änderungen der Argumente anzeigen, sind in der *Tabelle 13* zusammengestellt. Elastizitätskoeffizienten mit einem wahrscheinlichen Fehler von größer als 10 % sind mit einem * versehen.

Hier wird — wie oben — im allgemeinen noch ein statistischer Fehler von 10 % akzeptiert[174]. Grundsätzlich können die mit größeren statistischen Fehlern behafteten Parameter ebenfalls wertvolle Informationen geben und zur Diskussion herangezogen werden. Wenn nämlich durch andere Versuche bereits begründete Vormeinungen über die in Frage stehenden Zusammenhänge bestünden, könnten solche Vormeinungen, wie oben an anderer Stelle ausgeführt wurde, im Sinne der Bayesianischen Statistik durch die Ergebnisse weiterer Versuche — auch wenn es sich dabei um relativ schwache Tests handelt — sicherer oder unsicherer werden. Unsere bisherigen empirischen Untersuchungen haben aber in bezug auf wichtige Zusammenhänge so uneinheitliche „Vormeinungen" geliefert, daß nun bei den relativ schwachen Tests für einzelne Wirtschaftsgruppen mindestens die gleiche Sicherheitsschranke eingehalten werden muß wie früher bei den stärkeren Tests für die Aktiengesellschaften aller Wirtschaftsgruppen.

Ein Blick in die erste Spalte der Tabelle 13 zeigt, daß die wahrscheinlichen Beziehungen zwischen den gewährten Lieferantenkrediten und den geldpolitischen Variablen für die Aktiengesellschaften der 21 untersuchten Wirtschaftsgruppen ebenso uneinheitlich sind wie früher bei den Querschnittsanalysen: Es treten alle möglichen Zusammenhänge auf.

Legt man für die großen und die kleineren Aktiengesellschaften der 21 Wirtschaftsgruppen insgesamt 42 Verhaltensgleichungen zugrunde, so zeigt sich in 15 Fällen ein negativer Zusammenhang, in 10 Fällen ein positiver Zusammenhang, und in 17 Fällen ist der Zusammenhang zwischen den gewährten Lieferantenkrediten und den geldpolitischen Variablen statistisch nicht signifikant von Null verschieden.

In den 10 Fällen der Wirtschaftsgruppen Eisen und Stahl (große und kleinere

174 Es ist nicht einzusehen, daß alle empirischen Ergebnisse in den Sozialwissenschaften unbedingt eine statistische Sicherheit von mindestens 95 % aufweisen müßten. Wenn die Zahl der zur Verfügung stehenden Beobachtungen gering ist, muß man einen größeren statistischen Fehler akzeptieren oder auf die empirische Untersuchung verzichten. Wenn man sich zu der Untersuchung entschließt, bleibt nur die Angabe eines größeren statistischen Fehlers. Es ist sinnlos, mit einer statistischen Zuverlässigkeit zu argumentieren, die bei 22 Beobachtungen im allgemeinen nicht erreichbar ist.

AG), NE-Metalle (kleinere AG), EBM-Waren (große AG), Maschinenbau (große AG), Feinmechanik, Optik (große AG), Leder (große und kleinere AG), Baugewerbe (große AG) und Großhandel (kleinere AG) haben nach unseren Ergebnissen die Unternehmen im Durchschnitt der Untersuchungsperiode 1957 bis 1967 wahrscheinlich eine aktive Kreditpolitik in dem Sinne betrieben, daß sie bei steigenden (sinkenden) Diskontsätzen bzw. Mindestreservesätzen ceteris paribus mehr (weniger) Lieferantenkredite gewährt haben.

Dabei handelt es sich um große und um kleinere Gesellschaften, um ausgesprochene Wachstumsbranchen und um Wirtschaftsgruppen geringeren Wachstums, so daß auf den ersten Blick eine Erklärung nicht möglich erscheint. Dennoch ist eine gewisse Zuordnung dieser Ergebnisse nach Größenklassen möglich, wenn man die Informationen der Tabelle 3 (S. 59) zur Hilfe nimmt.

Dann zeigt sich nämlich, daß es sich auch in den 4 Fällen einer aktiven, die Zentralbank störenden Kreditpolitik, die sich auf kleinere Aktiengesellschaften beziehen, mit Ausnahme des Großhandels um Wirtschaftsgruppen mit einem überdurchschnittlich hohen Anteil relativ großer Unternehmen handelt. Während bei den in der Bilanzstatistik insgesamt erfaßten Aktiengesellschaften immerhin 21,4 % der Gesellschaften in die Größenklasse mit einer Bilanzsumme bis zu 3 Mill. DM fallen, betragen diese Anteile in den Wirtschaftsgruppen Eisen und Stahl, NE-Metalle und Leder 4,2 %, 5,3 % und 9,5 %.

Die Ausnahme Großhandel erklärt sich leicht aus der speziellen Funktion, die diese Wirtschaftsgruppe im allgemeinen zu übernehmen hat. Dabei dürften vor allem die kleineren Gesellschaften häufig in die Rolle des Financiers der Abnehmer gedrängt werden[175].

Diese genannten Wirtschaftsgruppen scheinen also der offiziellen Geldpolitik bewußt oder unbewußt entgegengewirkt zu haben. In der Mehrzahl der statistisch entscheidbaren Fälle zeigt sich jedoch ein negativer Zusammenhang zwischen der Lieferantenkreditvergabe und den geldpolitischen Variablen, der für eine bewußte oder unbewußte Unterstützung der Geldpolitik der Deutschen Bundesbank spricht[176].

Diese Ergebnisse der Branchenanalysen implizieren nicht, daß die einzelnen Gesellschaften in den verschiedenen Phasen der Geldpolitik immer gleichartig agiert haben. Alle Ergebnisse für Wirtschaftsgruppen können nur so gedeutet werden, daß darin das typische Kreditverhalten des betrachteten Sektors insgesamt zum Ausdruck kommt. Die einzelne Gesellschaft kann sich regelmäßig

[175] Vgl. dazu auch Monatsberichte der Deutschen Bundesbank, Die Jahresabschlüsse von Unternehmen für 1967, 22. Jg. (1970), Nr. 3, S. 22. Das gleiche Argument kann selbstverständlich – allerdings mit unterschiedlichem Gewicht – auch für andere Wirtschaftsgruppen vorgebracht werden.

[176] Natürlich darf die Gegenüberstellung von Störung und Unterstützung der offiziellen Geldpolitik nicht so gedeutet werden, daß die Aktiengesellschaften der betreffenden Wirtschaftsgruppen etwa eine aktive Kreditpolitik in dem Sinne betrieben hätten, daß sie die Maßnahmen der Deutschen Bundesbank *bewußt* gestört oder unterstützt hätten.

oder fallweise anders verhalten haben als der hier über den gesamten Beobachtungszeitraum gefundenen Gesetzmäßigkeit für die Wirtschaftsgruppe entspricht; sie könnte also aus den guten oder schlechten Erfahrungen in einem Zyklus der Geldpolitik gelernt und im folgenden Zyklus eine völlig andere Kreditpolitik betrieben haben, ohne daß eine solche Änderung das branchentypische Kreditverhalten entscheidend beeinflußt.

Was den Zusammenhang zwischen den gewährten Lieferantenkrediten und den Ertragserwartungen betrifft, so wird das Ergebnis der intertemporalen Querschnittsanalysen recht gut bestätigt. In 19 Fällen – überwiegend kleinere Gesellschaften – ist ein positiver Zusammenhang nachzuweisen; in 12 Fällen ist ein negativer Zusammenhang wahrscheinlich, d. h., eine Zunahme der Auftragseingänge in v. H. der Umsätze war für 12 Gruppen von Aktiengesellschaften im Durchschnitt der Untersuchungsperiode ceteris paribus mit einer relativen Einschränkung der Lieferantenkredite verbunden.

Uneinheitlich sind auch die Ergebnisse in bezug auf den Zusammenhang zwischen der Lieferantenkreditvergabe und der Kapazitätsauslastung, was nach den intertemporalen Querschnittsanalysen, in denen sich kein statistisch gesicherter Zusammenhang ergeben hatte, zu erwarten war. Für 11 Stichproben zeigt sich nun ein positiver Zusammenhang, und für 19 Stichproben – überwiegend große Aktiengesellschaften – ist ein negativer Zusammenhang wahrscheinlich.

Dieses Ergebnis scheint für weite Bereiche auch der westdeutschen Wirtschaft die früher angeführte Hypothese von W. H. White zu stützen, wonach eine höhere Kapazitätsauslastung zu einer relativen Einschränkung der Lieferantenkreditvergabe führt, und zwar vor allem seitens der großen Gesellschaften[177].

Die intertemporalen Querschnittsanalysen haben für große und kleinere Aktiengesellschaften einen positiven Zusammenhang zwischen der Lieferantenkreditvergabe und der Liquiditätsposition erbracht.

Diese Vormeinung wird nun durch die Ergebnisse für die einzelnen Wirtschaftsgruppen zwar nicht in allen Fällen, aber doch überwiegend – nämlich für 18 Stichproben – bestätigt. In immerhin 14 Fällen zeigt sich allerdings auch ein negativer Zusammenhang.

Eine solche negative Beziehung zwischen der Lieferantenkreditvergabe und der Liquiditätslage hat für die USA A. H. Meltzer vor allem für große Gesellschaften gefunden[178]. Er meint, dieses Ergebnis deute auf eine Substitution zwischen liquiden Mitteln i. e. S. und Lieferantenkrediten hin; insbesondere die großen Gesellschaften reduzieren nach seiner Meinung in geldpolitischen Restriktionsphasen ihre liquiden Mittel zugunsten von Lieferantenkrediten.

Für die BRD läßt sich eine eindeutige Zuordnung der 14 Fälle eines negativen Zusammenhangs nach der Größe der Gesellschaften nicht vornehmen, wenn auch bei unseren Ergebnissen die großen Gesellschaften überwiegen; das gilt vor

[177] Vgl. *W. H. White* [185, S. 945].
[178] Vgl. *A. H. Meltzer* [115, S. 483].

allem, wenn man berücksichtigt, wie problematisch die Bezeichnung „kleinere AG“ gerade für die hier erfaßten Gesellschaften der Wirtschaftsgruppen Chemie, Eisen und Stahl, Maschinenbau, Elektrotechnik und Leder ist.

3.4.3.2. *Die Schätzergebnisse für die empfangenen Lieferantenkredite*

Die Regressionsgleichungen für die empfangenen Lieferantenkredite der Aktiengesellschaften aller hier untersuchten 21 Wirtschaftsgruppen sind zeilenweise in der *Tabelle 14* zusammengestellt.

Tabelle 14: Aufnahme von Lieferantenkrediten (LKe/R) der westdeutschen Aktiengesellschaften, Zeitreihenanalysen nach Wirtschaftsgruppen, 1957–67*

Wirtschaftsgruppen	Konstante (1)	m (2)	d (3)	E (4)	K (5)	V/R (6)	KK (7)	DW (8)
1. Bergbau								
a) große AG	0,041	−2,179		0,004	0,767	0,013	0,836	1,6
	(0,001)	(1,6)		(0,1)	(2,7)	(0,3)		
b) kleinere AG	0,967		−16,433	2,884	1,263	0,147	0,882	0,9
	(0,02)		(3,1)	(1,6)	(2,3)	(1,5)		
2. Energie								
alle AG	73,576	−14,832		0,856	0,902	0,853	0,984	2,6
	(0,4)	(2,1)		(15,8)	(0,9)	(3,2)		
3. Chemie								
alle AG	419,057	3,232		−4,602	−3,562	0,002	0,977	2,0
	(1,2)	(0,3)		(4,7)	(0,9)	(0,02)		
4. Papier, Druck								
alle AG	−398,098	−15,617		0,688	6,331	0,047	0,764	2,4
	(2,1)	(2,4)		(0,9)	(2,8)	(0,4)		
5. Keramik, Glas								
alle AG	174,605	−1,485		−1,560	−0,229	0,144	0,806	2,8
	(2,0)	(0,8)		(2,6)	(0,3)	(1,1)		
6. Eisen, Stahl								
alle AG	−172,189	−5,075		0,106	1,090	0,390	0,943	1,9
	(1,4)	(1,9)		(1,3)	(1,4)	(11,5)		
7. NE-Metalle								
a) große AG	−657,813	−35,719		0,334	6,988	0,468	0,831	1,8
	(1,7)	(2,4)		(1,3)	(2,3)	(3,2)		
b) kleinere AG	−62,278		−74,364	−1,100	3,970	0,619	0,929	2,0
	(0,1)		(1,4)	(2,3)	(0,6)	(4,4)		
8. Stahlbau								
alle AG	−87,915	−5,368		1,173	0,722	0,112	0,844	1,4
	(1,0)	(3,1)		(1,8)	(1,9)	(2,2)		
9. EBM-Waren								
a) große AG	−161,526	−17,509		0,102	1,456	0,553	0,802	2,8
	(0,5)	(2,4)		(0,4)	(0,7)	(2,7)		
b) kleinere AG	−1353,129		−58,620	0,797	11,544	−0,522	0,866	1,8
	(2,4)		(2,5)	(1,3)	(3,7)	(1,2)		
10. Fahrzeugbau								
a) große AG	−416,891	−5,534		0,188	2,215	0,691	0,978	2,1
	(6,5)	(3,5)		(5,1)	(6,7)	(7,9)		
b) kleinere AG	142,891		14,248	−0,953	0,141	−0,259	0,893	1,9
	(0,8)		(1,3)	(2,3)	(0,1)	(1,1)		

Wirtschaftsgruppen	Konstante (1)	m (2)	d (3)	E (4)	K (5)	V/R (6)	KK (7)	DW (8)
11. Maschinenbau								
alle AG	4,253	–2,726		4,043	1,218	0,001	0,928	1,7
	(0,2)	(2,7)		(2,1)	(4,8)	(0,03)		
12. Feinmechanik, Optik								
a) große AG	–20,520	2,912		0,088	–0,583	0,011	0,775	2,2
	(0,5)	(2,7)		(2,4)	(2,3)	(0,3)		
b) kleinere AG	–22,770	3,045		0,037	–0,064	0,061	0,795	2,7
	(0,6)	(2,6)		(1,0)	(0,2)	(1,3)		
13. Elektrotechnik								
a) große AG	63,632		4,573	4,639	–1,271	0,139	0,780	1,8
	(1,3)		(1,5)	(2,5)	(1,7)	(1,1)		
b) kleinere AG	–55,169		–1,845	0,048	–0,223	0,184	0,900	1,5
	(1,6)		(0,7)	(1,9)	(0,4)	(2,9)		
14. Textil, Bekleidung								
alle AG	223,447		–6,897	–0,029	0,172	0,165	0,884	2,3
	(4,4)		(3,4)	(1,4)	(0,8)	(2,6)		
15. Leder								
a) große AG	–208,823	–1,424		–0,304	2,113	0,180	0,785	1,9
	(2,2)	(0,4)		(1,4)	(2,1)	(1,9)		
b) kleinere AG	228,173		19,504	0,546	–2,459	0,116	0,810	2,6
	(1,3)		(2,5)	(0,9)	(1,4)	(1,6)		
16. Nahrung und Genuß								
a) große AG	–39,881		–32,193	6,559	0,705	0,121	0,914	2,2
	(0,1)		(2,5)	(3,3)	(0,2)	(0,9)		
b) kleinere AG	–684,434		5,206	18,920	7,080	–0,157	0,987	2,6
	(4,4)		(1,2)	(7,9)	(4,3)	(2,6)		
17. Brauerei								
a) große AG	47,540		–0,047	–1,252	0,350	0,032	0,770	2,0
	(0,8)		(0,02)	(1,4)	(0,6)	(0,3)		
b) kleinere AG	–9,202		–3,886	2,572	–0,128	0,316	0,956	1,7
	(0,2)		(3,3)	(3,2)	(0,3)	(3,3)		
18. Steine, Zement								
alle AG	–157,491	–4,314		1,038	2,696	–0,087	0,814	2,1
	(1,2)	(1,0)		(0,8)	(3,1)	(0,4)		
19. Baugewerbe								
a) große AG	395,307	–4,867		–0,146	–0,479	–0,048	0,838	1,9
	(4,5)	(2,1)		(2,0)	(0,8)	(1,9)		
b) kleinere AG	199,128		49,590	–0,160	–1,895	–0,143	0,821	2,3
	(0,6)		(2,1)	(0,3)	(0,6)	(2,9)		
20. Großhandel								
a) große AG	1759,407		–35,327	–1,333	–4,504	1,145	0,954	1,0
	(2,0)		(1,5)	(2,7)	(0,7)	(6,3)		
b) kleinere AG	–619,170		–25,070	–0,908	11,774	–0,468	0,884	2,0
	(2,5)		(2,4)	(2,0)	(3,5)	(4,6)		
21. Einzelhandel								
a) große AG	118,384		–0,065	0,106	–1,487	–0,115	0,808	1,9
	(0,9)		(0,02)	(1,9)	(1,6)	(0,5)		
b) kleinere AG	186,325	–8,932		–0,130	1,076	0,029	0,815	3,2
	(0,9)	(2,7)		(1,3)	(0,7)	(0,6)		

* Die Werte in den Klammern unter den Regressionskoeffizienten geben jeweils die Prüfgröße |t| an; die KK-Werte in der Spalte (7) sind die Korrelationskoeffizienten, die DW-Werte in der Spalte (8) die Durbin-Watson-Maße.

Nach den Ergebnissen des Chow-Tests (Tabelle 11) sind hier für 9 Wirtschaftsgruppen gemeinsame Verhaltensgleichungen für alle Aktiengesellschaften und für die übrigen 12 Wirtschaftsgruppen getrennte Verhaltensgleichungen für große und kleinere Aktiengesellschaften angegeben worden.

Die t-Werte in den Klammern unter den Regressionskoeffizienten sind die Prüfgrößen der Steigungsmaße, die KK-Werte in der Spalte (7) die Korrelationskoeffizienten, die DW-Werte in der Spalte (8) sind die Durbin-Watson-Maße.

Die Unbestimmtheitsbereiche der Durbin-Watson-Statistik liegen wie oben bei einer Irrtumswahrscheinlichkeit von 5 v. H. zwischen 0,68 und 1,77 bzw. 2,23 und 3,32. Für DW-Werte, die kleiner sind als die Untergrenze 0,68 und größer als die Obergrenze 3,32 kann eine Autokorrelation der Restgrößen mit der vorgegebenen Irrtumswahrscheinlichkeit als gesichert gelten; für Werte zwischen 1,77 und 2,23 liegt mit einer statistischen Wahrscheinlichkeit von 95 % keine Autokorrelation vor.

Nach unseren Ergebnissen für die empfangenen Lieferantenkredite ist eine Autokorrelation der Restgrößen zwar in einigen Fällen möglich, sie ist aber in keinem der untersuchten Fälle statistisch gesichert.

Wie für die gewährten Lieferantenkredite werden nun auch für die empfangenen Kredite aus den Regressionsparametern, die mit einem statistischen Fehler von höchstens 20 % behaftet sind, Elastizitätskoeffizienten berechnet, wodurch die Schätzergebnisse übersichtlicher und besser vergleichbar werden.

Diese Elastizitätskoeffizienten sind in der *Tabelle 15* zusammengestellt. Dabei sind auch hier die Koeffizienten mit einem statistischen Fehler von über 10 v. H. besonders gekennzeichnet.

Die intertemporalen Querschnittsanalysen haben auch in bezug auf die Beziehungen zwischen der Aufnahme von Lieferantenkrediten und der offiziellen Geldpolitik ein uneinheitliches Ergebnis erbracht. Ebenso uneinheitlich sind nun die Ergebnisse aus den Zeitreihenanalysen für die einzelnen Wirtschaftsgruppen.

Zwar überwiegt mit insgesamt 27 Fällen ein negativer Zusammenhang, was besagt, daß die Aktiengesellschaften der meisten Wirtschaftsgruppen in Phasen einer restriktiven Geldpolitik relativ weniger Lieferantenkredite erhalten haben. Aber in den sechs Fällen der Wirtschaftsgruppen Fahrzeugbau (kleinere AG), Feinmechanik, Optik (große und kleinere AG), Elektrotechnik (große AG), Leder (kleinere AG), Baugewerbe (kleinere AG) ist ein positiver Zusammenhang wahrscheinlich, d. h., die Gesellschaften dieser Gruppen haben im Durchschnitt der Untersuchungsperiode 1957—1967 ceteris paribus bei steigenden (sinkenden) Diskontsätzen bzw. Mindestreservesätzen relativ mehr (weniger) Lieferantenkredite erhalten. Bei diesen Fällen eines positiven Zusammenhangs überwiegen wieder die großen Aktiengesellschaften; denn auch die Gruppen, die hier als

[179] In den Wirtschaftsgruppen Fahrzeugbau, Leder, Baugewerbe betragen die Anteile der Gesellschaften mit einer Bilanzsumme bis zu 3 Mill. DM 9,5 %, 9,5 % und 15 %, gegenüber 21,4 % bei allen hier erfaßten Aktiengesellschaften.

kleinere AG bezeichnet sind, stammen aus Wirtschaftsbereichen, in denen Aktiengesellschaften bis zu einer Bilanzsumme von 3 Mill. DM nur unterdurchschnittlich vertreten sind[179].

Tabelle 15: Ausgewählte Durchschnittselastizitäten, nach Wirtschaftsgruppen*

Wirtschaftsgruppen	*Aufnahme von Lieferantenkrediten (LK_e/R)*			
	G	E	K	V/R
1. Bergbau				
große AG	-0,32		1,21	
kleinere AG	-0,60	0,23	1,18	0,18
2. Energie	-0,73	0,40		0,42
3. Chemie		-0,28		
4. Papier	-1,32		5,90	
5. Keramik, Glas	-0,19	-1,61		
6. Eisen, Stahl	-0,32	0,79*	0,72*	1,09
7. NE-Metalle				
große AG	-1,40	1,54*	2,84	1,06
kleinere AG	-0,77*	0,17		0,76
8. Stahlbau	-0,41	0,76	0,59	0,86
9. EBM-Waren				
große AG	-0,99			1,51
kleinere AG	-0,30	1,11*	1,53	
10. Fahrzeugbau				
große AG	-,42	1,73	1,80	1,65
kleinere AG	0,43*	0,32		
11. Maschinenbau	-0,19	0,23	0,93	
12. Feinmechanik, Optik				
große AG	0,52	1,89	-1,09	
kleinere AG	0,42			0,43*
13. Elektrotechnik				
große AG	0,21*	0,55	-1,56	
kleinere AG		0,73		1,46
14. Textil, Bekleidung	-0,25	-0,29*		0,90
15. Leder				
große AG		-0,65*	5,13	2,08
kleinere AG	0,71		-2,42*	0,80
16. Nahrung und Genuß				
große AG	-0,67	1,13		
kleinere AG		1,45	3,71	-0,53
17. Brauerei				
große AG		-0,59*		
kleinere AG	-0,24	0,75		0,87
18. Steine, Zement		0,59	2,48	
19. Baugewerbe				
große AG	-0,26	-0,92		-0,45
kleinere AG	1,04			-0,90
20. Großhandel				
große AG	-0,21*	-2,15		1,15
kleinere AG	-2,64	-1,44	3,33	-0,99
21. Einzelhandel				
große AG		1,98	-2,73	
kleinere AG	-0,78	-1,31*		

* Berechnet aus den Regressionskoeffizienten der Tabelle 14. Die mit * versehenen Elastizitätskoeffizienten sind aus Regressionsparametern ermittelt, die nur mit einer Irrtumswahrscheinlichkeit von 20 v. H. gesichert sind.

Insgesamt überwiegt also, und zwar noch eindeutiger als bei der Lieferantenkreditvergabe, bei den empfangenen Lieferantenkrediten der negative Zusammenhang mit den geldpolitischen Variablen, was im Hinblick auf die gesamtwirtschaftliche Liquidität auf eine Unterstützung der offiziellen Geldpolitik hinausläuft.

Der Zusammenhang zwischen der Aufnahme von Lieferantenkrediten und der Auftragslage ist nach den Branchenanalysen überwiegend positiv. In 23 Fällen waren steigende (sinkende) Ertragserwartungen mit einer Zunahme (Abnahme) der Kreditaufnahme verbunden. Für 12 Stichproben zeigt sich ein negativer Zusammenhang. Die früheren Querschnittsanalysen haben für keine der drei geprüften Stichproben eine statistisch gesicherte Beziehung erbracht.

Für die Beziehung zwischen der Aufnahme von Lieferantenkrediten und der Kapazitätsauslastung sind wir nach den Ergebnissen der intertemporalen Querschnittsanalysen von der Vormeinung eines positiven Zusammenhangs ausgegangen. Diese Vormeinung wird nun in 18 Fällen gesichert. Für vier Gruppen widersprechen die Ergebnisse der Vormeinung: Bei den Wirtschaftsgruppen Feinmechanik und Optik (große AG), Elektrotechnik (große AG), Leder (kleinere AG), Einzelhandel (große AG) war im Durchschnitt der Untersuchungsperiode ceteris paribus eine zunehmende (abnehmende) Auslastung der Produktionskapazitäten mit einer relativen Abnahme (Zunahme) der Lieferantenkreditaufnahme verbunden.

Eine beachtliche Rolle für die Aufnahme von Lieferantenkrediten spielt nach den Ergebnissen der Querschnittsanalysen neben der Kapazitätsauslastung die Vorratshaltung. Der dort gefundene positive Zusammenhang wird nun in den Branchenanalysen in 19 Fällen bestätigt, aber in den vier Fällen der Wirtschaftsgruppen Nahrung und Genuß (kleinere AG), Baugewerbe (große und kleinere AG), Großhandel (kleinere AG) zeigt sich ein negativer Zusammenhang.

3.4.3.3. Zusammenstellung der empirischen Ergebnisse in bezug auf den Einfluß der Geldpolitik und Vergleich mit den Ergebnissen anderer Autoren

Überblicken wir die für unseren Gegenstand wichtigsten Ergebnisse der Branchenanalysen, so lassen sich die folgenden Erkenntnisse formulieren:

1. Es zeigen sich bei der Vergabe und bei der Aufnahme von Lieferantenkrediten wesentliche Unterschiede im Kreditverhalten der Aktiengesellschaften unterschiedlicher Größe und Wirtschaftsgruppe.

2. Bezüglich des Einflusses der Geldpolitik auf die gewährten und empfangenen Lieferantenkredite der westdeutschen Aktiengesellschaften zeigt sich für die Mehrzahl der untersuchten Stichproben eine weitgehende Übereinstimmung: In Phasen restriktiver Geldpolitik, d. h. zunehmender Diskontsätze bzw. Mindestreservesätze, ist im Durchschnitt der Untersuchungsperiode 1957—1967

ceteris paribus sowohl die Vergabe wie die Aufnahme von Lieferantenkrediten relativ zurückgegangen.

3. Es treten zwar auch die entgegengesetzten Fälle auf – bei den gewährten Lieferantenkrediten in 10 Stichproben, bei den empfangenen Krediten in 6 Stichproben –, und zwar insbesondere für große Aktiengesellschaften und /oder für Wirtschaftsgruppen, in denen der Anteil großer Gesellschaften deutlich überwiegt; aber insgesamt scheinen diese Fälle eines positiven Zusammenhangs zwischen den Lieferantenkrediten und den geldpolitischen Variablen doch eher Ausnahmen zu sein, so bedeutend sie im einzelnen auch sein mögen.

Vielleicht könnte man bei diesem Ergebnis versucht sein zu vermuten, daß die großen Aktiengesellschaften im Durchschnitt der Untersuchungsperiode von der offiziellen Geldpolitik weniger betroffen waren als alle Aktiengesellschaften insgesamt. Diese Vermutung dürfte weitgehend den allgemeinen Vorstellungen entsprechen. So meint etwa H. Langen, daß in Zeiten einer gesamtwirtschaftlich angespannten Liquiditätslage am ehesten große Unternehmen eine autonome Konditionenpolitik treiben können, weil sie wegen ihrer engeren Bankbeziehungen über ein hohes Kreditpotential verfügen[180].

Der Verfasser hält eine solche Vermutung auch nach den vorliegenden Ergebnissen für nicht ausreichend begründet. Auf keinen Fall lassen unsere Ergebnisse die These zu, große Aktiengesellschaften seien im allgemeinen von der offiziellen Geldpolitik unabhängiger als kleine, und große Gesellschaften würden daher die Maßnahmen der Zentralbank durch ihre Lieferantenkreditpolitik eher stören als kleine. Dazu sind erstens unsere Ergebnisse zu uneinheitlich, und dazu ist zweitens unser statistisches Material zu einseitig auf große Gesellschaften ausgerichtet.

Die Ergebnisse der Branchenanalysen zeigen jedoch eines deutlich, nämlich daß die jeweilige Wirtschaftsgruppe ein wichtiges Element zur Erklärung des unterschiedlichen Lieferantenkreditverhaltens der westdeutschen Aktiengesellschaften in den verschiedenen geldpolitischen Phasen darstellt.

Im folgenden sollen unsere Ergebnisse kurz mit denen anderer Autoren verglichen werden. Natürlich ist ein solcher Vergleich von vornherein beschränkt auf den Kreis der in unsere Untersuchung einbezogenen Aktiengesellschaften und auf den speziellen Blickwinkel unserer Untersuchung. Immerhin lassen sich in diesem Rahmen und in bezug auf den Lieferantenkredit vielleicht einige Urteile ergänzen, die sich in der Literatur allgemein zu der Frage finden, welche Sektoren von den geldpolitischen Maßnahmen am ehesten im gewünschten Sinne erreicht werden.

L. C. Andersen etwa kommt nach einer empirischen Untersuchung der wahrscheinlichen Wirkungen geld- und fiskalpolitischer Maßnahmen auf die Produktion von 10 verschiedenen Sektoren mit Hilfe entsprechender Angebots-

[180] *H. Langen* [97, S. 60].

und Nachfragefunktionen zu dem Ergebnis, die geldpolitischen Maßnahmen würden am ehesten noch die Bauindustrie, die Fahrzeugindustrie und die allgemeinen Investitionsgüterindustrien erreichen, weniger die Konsumgüterindustrien und die Nahrungsgüterindustrien[181].

Um diese Aussage von Andersen und andere Aussagen in bezug auf den Lieferantenkredit zu prüfen, stellen wir unsere wichtigsten Ergebnisse über den Zusammenhang zwischen den Lieferantenkrediten und der offiziellen Geldpolitik für die westdeutschen Aktiengesellschaften in der *Tabelle 16* so zusammen,

Tabelle 16: Durchschnittliche Zunahme bzw. Abnahme in den gewährten unnd erhaltenen Lieferantenkrediten großer und kleinerer Aktiengesellschaften der einzelnen Wirtschaftsgruppen in geldpolitischen Restriktionsphasen, 1957–1967.

	gewährte LK		erhaltene LK	
	große AG	kleinere AG	große AG	kleinere AG
Grundstoff-, Produktions-, Investitionsgüterindustrien:				
Bergbau	weniger	weniger	weniger	weniger
Stahlbau	weniger	weniger	weniger	weniger
Energie		weniger	weniger	weniger
Maschinenbau	mehr	weniger	weniger	weniger
EBM-Waren	mehr	weniger	weniger	weniger
NE-Metalle		mehr	weniger	weniger
Eisen unnd Stahl	mehr	mehr	weniger	weniger
Fahrzeugbau	weniger	weniger	weniger	mehr
Steine, Erden, Zement	weniger			
Chemie				
Elektroindustrie			mehr	
Feinmechannik, Optik	mehr	weniger	mehr	mehr
Verbrauchsgüterindustrien:				
Papierindustrie	weniger	weniger	weniger	weniger
Textil, Bekleidung			weniger	weniger
Feinkeramik, Glas			weniger	weniger
Brauereien	weniger			weniger
Nahrung und Genuß			weniger	
Lederindustrie	mehr	mehr		mehr
Baugewerbe:	mehr		weniger	mehr
Handel:				
Großhandel		mehr	weniger	weniger
Einzelhandel	weniger			weniger

daß diese Ergebnisse sowohl für die einzelnen Wirtschaftsgruppen wie für die größeren Gruppen Grundstoff-, Produktions-, Investitionsgüterindustrien, Verbrauchsgüterindustrien, Baugewerbe, Handel leichter zu erkennen sind. Die Tabelle gibt an, ob die großen und kleineren Aktiengesellschaften der 21 Wirtschaftsgruppen in geldpolitischen Restriktionsphasen ceteris paribus durchschnittlich mehr oder weniger Lieferantenkredite gewährt und erhalten haben. Die Wirtschaftsgruppen, die durchschnittlich stärker von geldpolitischen Maßnahmen

[181] *L. C. Andersen* [3, S. 260 ff.].

erreicht worden sind, sollten also in Restriktionsphasen weniger Lieferantenkredite erhalten und/oder gewährt haben.

Ein Blick auf die Tabelle 16 zeigt, daß auch nach unseren Ergebnissen die Aktiengesellschaften der typischen Investitionsgüterbereiche Stahlbau, Maschinenbau, EBM-Waren, NE-Metalle, Eisen und Stahl in Restriktionsphasen durchschnittlich weniger Lieferantenkredite erhalten haben. Bei den gewährten Lieferantenkrediten erscheint der Einfluß der Geldpolitik weniger ausgeprägt.

Aber auch die Aktiengesellschaften der hier erfaßten Konsumgüterindustrien wurden nach unseren Ergebnissen von der restriktiven Geldpolitik erreicht; es zeigen sich überwiegend Abnahmen bei den erhaltenen Lieferantenkrediten.

Für die Aktiengesellschaften des Baugewerbes läßt sich die Aussage von Andersen nach unseren Ergebnissen für die BRD ebenfalls nicht voll halten. Die großen Gesellschaften haben in Restriktionsphasen durchschnittlich weniger Lieferantenkredite erhalten, aber mehr Kredite gewährt; die kleineren Gesellschaften haben mehr Kredite erhalten, über ihre Kreditvergabe läßt sich nichts sagen.

Eine andere mehrfach geäußerte Meinung geht dahin, daß der Einzelhandel insbesondere in Phasen allgemeiner Liquiditätsverknappung vornehmlich auf den Lieferantenkredit als Finanzierungsquelle zurückgreift; die Last dieser Finanzierung trage der Großhandel[182].

Ein Blick auf die *Tabelle 1* (S. 16) zeigt, daß 1966 die gewährten Lieferantenkredite für die Aktiengesellschaften des Großhandels mit einem Anteil von 28,3 v. H. an der Bilanzsumme tatsächlich eine große Bedeutung hatten; für die Aktiengesellschaften des Einzelhandels bestätigt sich, daß die empfangenen Lieferantenkredite von erheblichem Gewicht sind: Mit 18,5 v. H. erreichten sie im Jahre 1966 einen dreimal so hohen Anteil an der Bilanzsumme wie die kurzfristigen Bankkredite.

Die Vermutung eines systematischen Zusammenhangs der Kreditpolitik mit der Geldpolitik in dem Sinne, daß die Lieferantenkreditaufnahme des Einzelhandels in Phasen allgemeiner Liquiditätsverknappung besonders stark zunimmt und die Kreditvergabe des Großhandels entsprechend steigt, wird nach unseren Untersuchungen für die westdeutschen Aktiengesellschaften im Durchschnitt der Beobachtungsperiode nur teilweise bestätigt. Lediglich für die kleineren Aktiengesellschaften des Großhandels ist ein positiver Zusammenhang zwischen der Lieferantenkreditvergabe und der Geldpolitik nachzuweisen; für den Einzelhandel aber deuten die Ergebnisse eher auf eine relative Abnahme der Lieferantenkreditaufnahme hin als auf eine Ausdehnung. Wichtig ist hier jedoch die Einschränkung, daß sich unsere Schätzungen nur auf die Aktiengesellschaften beider

[182] Vgl. etwa die Stellungnahme des „Council of Scottish Chambers of Commerce" und der „Federation of Wholesale Organisation" in: Principal Memoranda of Evidence Submitted to the Committee on the Working of the Monetary System, Vol. 2, London 1960, S. 100 bzw. S. 153. Die Rolle des Großhändlers als Financier des Fertigungsbetriebes und des Einzelhändlers betont auch G. *Bringmann* [17, S. 74 f.].

Bereiche beziehen; für die Einzel- und Großhandelsgesellschaften anderer Rechtsformen könnte die oben zitierte Auffassung durchaus zutreffen.

Insgesamt zeigen unsere Ergebnisse für die 21 Wirtschaftsgruppen, daß die Lieferantenkredite der westdeutschen Aktiengesellschaften im Durchschnitt der Untersuchungsperiode 1957—1967 von den geldpolitischen Maßnahmen der Zentralbank durchaus beeinflußt worden sind und daß eine autonome Kreditpolitik dieser Gesellschaften in dem Sinne, daß dadurch die offizielle Geldpolitik gestört worden wäre, nicht als die Regel bezeichnet werden kann.

Im folgenden wollen wir unsere bisherigen Ergebnisse durch die Untersuchung des Lieferantenkreditverhaltens der Aktiengesellschaften der westdeutschen Zementindustrie ergänzen, eines Wirtschaftszweiges, der sich durch die verhältnismäßig große Homogenität seines Angebotes auszeichnet.

3.4.4. Die statistischen Ergebnisse aus intertemporalen Querschnittsanalysen für die Aktiengesellschaften der westdeutschen Zementindustrie

Die Untersuchung des Lieferantenkreditverhaltens der Aktiengesellschaften eines einzelnen produkthomogenen Wirtschaftszweiges kann zunächst einmal ganz allgemein für die vorliegende Studie eine interessante Ergänzung sein.

Der Leser muß aber davor gewarnt werden, die Bedeutung der folgenden Untersuchung zu überschätzen; diese Gefahr besteht wegen der besonderen Hervorhebung eines Industriezweiges.

Tatsächlich haben die Lieferantenkredite der Zementindustrie, gemessen an den Lieferantenkrediten insgesamt, kein großes Gewicht (1966 weniger als 1%). Und auch für die Zementindustrie selbst sind die Lieferantenkredite von geringerer Bedeutung als für andere Wirtschaftsgruppen[183].

Daß dennoch gerade die Zementindustrie ausgewählt wurde, hat einen ökonomisch-theoretischen und einen praktischen Grund.

Ökonomisch-theoretisch ist die Zementindustrie wegen der besonderen Homogenität ihres Angebotes interessant. Die Untersuchung des Lieferantenkreditverhaltens ihrer Aktiengesellschaften könnte die wenig befriedigenden Ergebnisse für die Gesellschaften der heterogenen Wirtschaftsgruppe „Steine, Erden, Zement" glücklich ergänzen. Als praktischer Grund ist zu nennen, daß der Verfasser aufgrund persönlicher Beziehungen zur Zementindustrie neuere Daten und einige wichtige zusätzliche Informationen erhalten konnte, die für andere Industriezweige nicht verfügbar sind.

Für die Analyse des Lieferantenkreditverhaltens der Aktiengesellschaften der westdeutschen Zementindustrie liegen Bilanzangaben und Angaben über die Roherträge — entsprechend unseren bekannten Regressionsansätzen — für alle 13 Aktiengesellschaften über den Zeitraum von 1949 bis 1968 vor[184].

[183] Der Anteil der gewährten Lieferantenkredite an der Bilanzsumme betrug 1966 in der Zementindustrie nur 3,4% gegenüber 28,3% im Großhandel; der Anteil der empfangenen Lieferantenkredite betrug 6,6%, im Großhandel 18,5% (vgl. Tabelle 1 S. 16).

Trotz dieser Konzentration auf einen Wirtschaftszweig müssen die Ergebnisse auch dieser relativ differenzierten Untersuchung mit größter Vorsicht interpretiert werden.

Die *Tabelle 17*, in der die 56 Unternehmen der westdeutschen Zementindustrie nach 4 Größenklassen, gemessen an der Produktion (Stand 1969), geordnet sind, zeigt, daß die hier erfaßten 13 Aktiengesellschaften größenmäßig nicht typisch für die gesamte Wirtschaftsgruppe sind; die großen Unternehmen überwiegen in dieser Stichprobe sehr deutlich[185]. Der Repräsentationsgrad ist also auch für die Zementindustrie immer noch beschränkt.

Tabelle 17: Repräsentationsgrad der Stichprobe „Zementindustrie“

Größenklassen (in 1000 t)	erfaßte Aktiengesellschaften	übrige Unternehmen
bis 300	1	28
301 bis 500	2	10
501 bis 1000	7	4
über 1000	3	1

Quelle: Angaben der Zementindustrie

Die stärkere Disaggregation darf auch nicht dazu verleiten, die (nach wie vor) großen Probleme des statistischen Materials generell für geringer zu halten. In zwei wichtigen Punkten allerdings können wir nun für die Zementindustrie aufgrund von zusätzlich vorliegenden Informationen sicherer sein als früher.

Die Tatsache, daß wir nur über jährliche Bilanzwerte verfügen, führt zu dem Problem, daß alle die Variationen der gewährten und der empfangenen Lieferantenkredite nicht erfaßt sind, die zwischen den Bilanzstichtagen bereits getilgt werden. Wir haben uns früher mit der Vermutung geholfen, daß die Bilanzwerte, als Jahresdurchschnitte gesehen, im Niveau wahrscheinlich falsch sind, daß aber die Entwicklung über einen längeren Zeitraum auch durch die Bilanzwerte recht gut wiedergegeben wird. Nun liegen dem Verfasser für 16 Jahre monatliche Angaben über die Liefer- und Leistungsforderungen eines typischen Zementherstellers vor. Daraus ist deutlich zu erkennen, daß der saisonale Verlauf der Reihe über den gesamten Zeitraum außerordentlich regelmäßig ist. Die Dezemberwerte liegen im Niveau relativ niedrig; aber das gilt für alle Jahre.

Der zweite Punkt betrifft die Zahlungsbedingungen. Auch hier hatten wir uns früher mit der auf ausländische Befragungsergebnisse gestützten Vermutung begnügen müssen, daß die Zahlungsbedingungen innerhalb der einzelnen Wirtschaftsgruppen relativ gleich und im Zeitablauf konstant seien; denn die einmal akzeptierten branchenüblichen Bedingungen dürften kaum geändert werden.

[184] Bezüglich der Ansätze, des statistischen Materials und seiner Probleme kann auf die früheren Ausführungen (S. 56 ff.) verwiesen werden.

[185] Das zeigt sich auch daran, daß die hier erfaßten 13 Aktiengesellschaften 34 der insgesamt 99 Zementwerke betreiben, aus denen etwa 50% der westdeutschen Zementproduktion hervorgeht.

Nun sind die Zahlungsbedingungen der Zementindustrie bekannt, und die früheren Vermutungen werden für die Gesellschaften dieses Industriezweiges voll bestätigt: Seit 1957 gelten hier unverändert die gleichen Zahlungsbedingungen[186].

Legt man für die empirische Schätzung die 20 Beobachtungen von 1949–1968 für jede der 13 Aktiengesellschaften zu einer Stichprobe zusammen, so erhält man insgesamt 260 Beobachtungen für eine intertemporale Querschnittsanalyse.

Die Regressionsansätze der früheren Querschnittsanalysen werden im übrigen nur so geändert, daß anstelle der Schockvariablen für die 21 Wirtschaftsgruppen nun lineare, additive Schockvariablen für die 13 Aktiengesellschaften der Zementindustrie eingeführt werden.

Die erste Überprüfung unserer Hypothesen mit allen vorliegenden Beobachtungen führte zu dem Ergebnis, daß über den gesamten Zeitraum nicht mit stabilen Schätzgleichungen im statistischen Sinne gerechnet werden kann: Für die beiden Teilperioden 1949–1956 und 1957–1968 zeigten sich nach dem Chow-Test sowohl für die gewährten wie für die empfangenen Lieferantenkredite signifikante Unterschiede in den Schätzungen, die darauf hindeuten, daß die beiden Stichproben nicht derselben Population entnommen sind. Danach muß die weitere Untersuchung auf den kürzeren Zeitraum 1957–1968 beschränkt werden. Die Zahl der Beobachtungen verringert sich dadurch zwar auf 156, aber die Schätzgleichungen sind nun stabil und damit zuverlässiger.

Dann wurde geprüft, ob getrennte Schätzungen für große und kleinere, für liquide und weniger liquide, für schnell wachsende und weniger schnell wachsende Aktiengesellschaften zu unterschiedlichen Ergebnissen führen. Als große, liquide bzw. schnell wachsende Aktiengesellschaften wurden die ausgewählt, deren Bilanzsumme hoch, deren Relation liquide Mittel zu den Roherträgen bzw. deren Wachstumsrate der Roherträge im Untersuchungszeitraum über den entsprechenden Durchschnitten lag.

Die F-Werte zur Beurteilung der Signifikanz der Unterschiede sind in der *Tabelle 18* zu finden.

Tabelle 18: Chow-Test zur Überprüfung der Signifikanz der Unterschiede verschiedener Schätzungen; berechnete F-Werte*

	$\frac{LK_g}{R}$	$\frac{LK_e}{R}$
1. Periode 1949–1956 vs. Periode 1957–1968	17,18	2,75
2. große AG vs. kleinere AG, 1957–1968	0,74	0,33
3. liquide AG vs. weniger liquide AG, 1957–1968	2,30	0,01
4. AG hohen Wachstums vs. AG geringeren Wachstums, 1957–1968	1,78	0,25

* Der Erwartungswert nach der F-Verteilung bei einer Irrtumswahrscheinlichkeit von 5 % ist F = 1,70.

186 Die üblichen Zahlungsbedingungen sind „3 % Abzug bei Vorkasse, 2 % innerhalb von 8 Tagen, 1 % innerhalb von 21 Tagen".

Die Überprüfung der Schätzungen für große und kleinere Aktiengesellschaften erbrachte keine wesentlichen Unterschiede, so daß hier gemeinsame Verhaltensgleichungen für die gewährten und die empfangenen Lieferantenkredite ausreichen. Für die Aktiengesellschaften der Zementindustrie, in der – wie die Tabelle 17 gezeigt hat – auch die kleineren Gesellschaften relativ groß sind, ist dieses Ergebnis durchaus plausibel.

Tabelle 19: Schätzergebnisse für 13 Aktiengesellschaften der westdeutschen Zementindustrie, intertemporale Querschnittsanalysen 1957–1968*

	Vergabe von Lieferantenkrediten					Aufnahme von Lieferantenkrediten 1957–1968 (alle AG)
	alle AG	liquide AG	weniger liquide AG	AG hohen Wachstums	AG geringeren Wachstums	
	(1)	(2)	(3)	(4)	(5)	(6)
Korrelationskoeffizient	0,88	0,91	0,89	0,91	0,88	0,68
Durbin-Watson-Statistik	1,24	1,64	1,37	1,29	1,35	1,49
Unabhängige Variablen						
Reservesatz (m)	2,00	2,39	1,67	2,13	1,61	0,63
	(9,8)	(6,4)	(8,2)	(7,0)	(6,6)	(1,8)
Auftragslage (E)	4,99	23,19	3,59	21,09	2,40	5,12
	(3,5)	(4,6)	(2,9)	(5,7)	(1,6)	(1,9)
Kapazität (K)	–0,52	–0,67	–0,40	–0,57	–0,45	0,17
	(8,0)	(4,9)	(6,3)	(5,4)	(6,0)	(1,4)
Liquidität (L/R)	0,15	0,16	0,05	0,17	0,12	0,11
bzw. Vorräte (V/R)	(3,1)	(1,8)	(1,1)	(2,2)	(2,2)	(1,0)
Schockvariablen						
1	–5,37		6,15		6,54	–6,59
	(2,7)		(4,3)		(4,1)	(2,2)
2	–5,81		5,69	11,56		–0,90
	(3,0)		(3,9)	(4,7)		(0,3)
3	–9,97		0,36	–3,94		2,81
	(5,3)		(0,2)	(1,7)		(0,9)
4	0,19	17,49		15,51		5,85
	(0,1)	(3,5)		(4,0)		(1,4)
5	–2,58		9,70		9,74	4,77
	(1,2)		(6,2)		(6,0)	(1,5)
6	–10,17		1,30		1,40	–4,61
	(5,5)		(0,9)		(0,9)	(1,6)
7	–21,41		–9,04		–7,71	–5,05
	(7,9)		(4,8)		(3,5)	(1,2)
8	–16,86		–5,28		–4,21	–1,37
	(7,5)		(3,3)		(2,4)	(0,4)
9	–11,67	–6,50			–1,07	–1,82
	(6,5)	(2,8)			(0,5)	(0,6)
10	–31,02		–15,01		–12,50	–13,92
	(7,1)		(4,7)		(3,3)	(1,9)
11	–5,22	12,65		10,49		3,19
	(2,2)	(2,3)		(2,5)		(0,8)
12	–12,30		25,45		31,61	–3,20
	(6,5)		(3,6)		(3,7)	(1,0)
13	43,26	32,58		27,58		–15,19
	(6,1)	(2,1)		(2,3)		(1,2)

* Die Werte in denn Klammern unter den Regressionskoeffizienten geben jeweils die Prüfgröße |t| an.

Bei den Schätzungen für liquide und weniger liquide sowie für schnell und weniger schnell wachsende Aktiengesellschaften deuten die berechneten F-Werte bezüglich der Lieferantenkreditvergabe auf Unterschiede hin; die Prüfgröße liegt jedoch im zweiten Fall nur knapp über dem Schwellenwert. Bezüglich der Lieferantenkreditaufnahme sind dagegen die Unterschiede statistisch nicht signifikant.

Die statistischen Ergebnisse aus den Schätzungen für alle Aktiengesellschaften und für die nach dem Chow-Test ausgewählten Untergruppen sind in der *Tabelle 19* zusammengestellt. Die Tabelle enthält, spaltenweise gelesen, die Korrelationskoeffizienten, die Durbin-Watson-Maße und die Regressionskoeffizienten mit ihren Prüfgrößen t.

Auch hier sollen im Interesse einer besseren Übersichtlichkeit und Vergleichbarkeit der Ergebnisse aus den statistisch gesicherten Regressionsparametern Elastizitätskoeffizienten berechnet werden. Die *Tabelle 20* enthält diese Durchschnittselastizitäten, die die prozentualen Veränderungen der gewährten bzw. der aufgenommenen Lieferantenkredite in bezug auf einprozentige Änderungen der Argumentvariablen angeben.

Tabelle 20: Durchschnittselastizitäten*

Stichproben \ Argumentvariablen	effektiver Mindestreservesatz des westdeutschen Bankensystems (1)	Auftragseingänge in v. H. des Umsatzes (2)	Kapazitätsauslastung (3)	liquide Mittel in v. H. der Roherträge (4)
I Gewährte Lieferantenkredite				
alle Aktiengesellschaften	2,39	3,36	– 0,06	0,14
liquide AG	3,73	5,10	– 0,09	0,10
weniger liquide AG	1,73	1,65	– 0,04	
AG mit hohem Wachstum	3,32	3,60	– 0,08	0,16
AG mit geringem Wachstum	1,56	1,01	– 0,04	0,11
II Aufgenommene Lieferantenkredite				Vorräte in v. H. . . .
alle Aktiengesellschaften	1,05	4,82	0,03	–

* Berechnet aus den statistisch gesicherten Regressionskoeffizienten der *Tabelle 19*.

Besonders interessant ist für uns der Zusammenhang zwischen den Veränderungen der Lieferantenkredite und den geldpolitischen Variablen, die für restriktive oder expansive Maßnahmen der Deutschen Bundesbank stehen. In allen geprüften Fällen zeigt sich ein positiver Zusammenhang, d. h., eine Zunahme des effektiven Mindestreservesatzes in einer Phase geldpolitischer Restriktion war ceteris paribus im Durchschnitt der Untersuchungsperiode mit einer relativen Ausdehnung der gewährten, aber auch der aufgenommenen Lieferantenkredite der Aktiengesellschaften der Zementindustrie verbunden. Diese Zunahme der Kreditvergabe war prozentual bei den liquiden und schnell wachsenden

Gesellschaften größer als bei den weniger liquiden und den weniger schnell wachsenden.

Positive Ertragserwartungen gehen im Durchschnitt der Untersuchungsperiode ceteris paribus in allen Fällen mit einer relativ starken Zunahme der Lieferantenkredite einher. Auch hier ist der Einfluß für die liquiden und die schnell wachsenden Aktiengesellschaften besonders groß.

Der Zusammenhang zwischen den Veränderungen der Lieferantenkredite und der Kapazitätsauslastung ist in allen Fällen negativ; wobei allerdings die Bedeutung der Kapazitätsauslastung für das Kreditverhalten in der Zementindustrie vergleichsweise gering zu sein scheint.

Auch der Einfluß der Liquiditätslage auf die Lieferantenkreditvergabe ist nach unseren Ergebnissen nicht erheblich. Der Einfluß der Vorratshaltung auf die Lieferantenkreditaufnahme ist statistisch nicht gesichert.

Faßt man diese Schätzergebnisse zusammen, so ergibt sich das folgende Bild: In der Zementindustrie scheint es so zu sein, daß günstige Absatzerwartungen und eine Zunahme der liquiden Mittel die Kreditbereitschaft der Aktiengesellschaften vergrößern, höhere Auslastung der Produktionskapazitäten die Absatzbemühungen verringern; wobei die Einflüsse der liquiden Mittel und der Kapazitätsauslastung relativ gering sind.

Was die Beziehungen zur Geldpolitik angeht, so haben die Aktiengesellschaften der westdeutschen Zementindustrie durch ihr Kreditverhalten die geldpolitischen Maßnahmen der Deutschen Bundesbank im Durchschnitt der Untersuchungsperiode bewußt oder unbewußt gestört: Wenn die Zentralbank durch restriktive Maßnahmen die gesamtwirtschaftliche Liquidität einschränken wollte, haben sie ihren Abnehmern mehr Lieferantenkredite gewährt und damit deren Liquidität erhöht. Gleichzeitig haben sie auch selbst mehr Kredite von ihren Lieferanten erhalten.

Zum Schluß dieser ergänzenden empirischen Untersuchung sei noch einmal hervorgehoben, daß die vorgetragenen Ergebnisse nur für die Aktiengesellschaften der Zementindustrie gelten und daß deren gewährte Lieferantenkredite 0,2 % und deren aufgenommene Lieferantenkredite 0,7 % der gewährten bzw. der aufgenommenen Lieferantenkredite aller 2000 in der Bilanzstatistik des Statistischen Bundesamtes erfaßten westdeutschen Aktiengesellschaften ausmachen.

Unsere Ergebnisse für die Zementindustrie verändern daher insgesamt gesehen nicht die frühere Schlußfolgerung, daß eine aktive, die offizielle Geldpolitik störende Lieferantenkreditpolitik in der BRD nicht als die Regel angesehen werden kann.

3.4.5. Die indirekten Effekte der Geldpolitik

Es bleibt zu fragen, ob die geldpolitischen Maßnahmen neben dem dargestellten direkten Einfluß einen indirekten Einfluß auf die gewährten bzw. empfangenen Lieferantenkredite ausüben.

Ein solcher indirekter Einfluß auf die Lieferantenkredite könnte über Effekte der Geldpolitik auf die anderen erklärenden Variablen, auf den Bestand an liquiden Mitteln, auf die Lagerhaltung, auf die Auftragslage und auf die Kapazitätsauslastung zustande kommen.

Wenn sich derartige indirekte Effekte zeigen, könnte daraus zunächst ein ökonomisch-theoretischer Einwand gegen die bisher formulierten Ergebnisse abgeleitet werden. In diesem Fall wäre nämlich die für die Diskussion der statistischen Ergebnisse so wichtige ceteris paribus-Annahme unhaltbar. Ein Einwand könnte daraus aber auch von seiten der theoretischen Statistik erwachsen. Eine hohe Korrelation zwischen den erklärenden Variablen verstieße gegen die Voraussetzungen der hier zur Schätzung der Regressionsgleichungen benutzten Methode der „kleinsten Quadrate" und würde zu verzerrten Schätzwerten der Regressionsparameter und ihrer Standardfehler führen[187].

Beide Einwände sind im vorliegenden Fall nicht berechtigt. Das ergibt sich aus einer entsprechenden Überprüfung der partiellen Korrelationen zwischen den verwendeten geldpolitischen Variablen und den übrigen erklärenden Variablen.

Die *Tabelle 21* zeigt die Verteilung der partiellen Korrelationskoeffizienten zwischen den geldpolitischen Variablen und den übrigen erklärenden Variablen unserer Regressionsansätze aus insgesamt 88 Korrelationen[188].

Tabelle 21: Verteilung der Korrelationskoeffizienten (r) zwischen den benutzten geldpolitischen Variablen und den übrigen erklärenden Variablen

Argumentvariable / Klassenbreite	L/R	V/R	E	K
$r \leqq 0{,}200$	27	26	57	55
$0{,}200 < r \leqq 0{,}300$	12	10	16	24
$0{,}300 < r \leqq 0{,}334$	4	4	10	4
$0{,}334 < r \leqq 0{,}438$	2	2	5	3
$0{,}438 < r \leqq 0{,}500$		1		2

Der Absolutbetrag des Korrelationskoeffizienten müßte einen Schwellenwert von 0,530 erreichen, damit er mit einer Irrtumswahrscheinlichkeit von 5 v. H. gegen die Nullhypothese abgesichert werden kann. Soll entsprechend den Annahmen bei der Diskussion der Regressionsparameter auch ein statistischer Fehler von 10 v. H. bzw. 20 v. H. noch akzeptiert werden, so müssen die Schwellenwerte der Korrelationskoeffizienten einen Betrag von 0,438 bzw. 0,334 erreichen.

[187] Zum Problem der Multikollinearität vgl. *J. Johnston* [80, S. 201 ff.].

[188] Diese Zahl ergibt sich aus 10 Querschnitts- und 35 Zeitreihenanalysen für gewährte Lieferantenkredite und 10 Querschnitts- und 33 Zeitreihenanalysen für empfangene Lieferantenkredite. Die später durchgeführten Schätzungen für die Zementindustrie sind in der Tabelle 21 nicht mehr berücksichtigt.

Ein Blick auf die Tabelle 21 zeigt, daß keiner der relevanten Korrelationskoeffizienten mit einer Irrtumswahrscheinlichkeit von 5 v. H. und nur 3 Koeffizienten mit einer Irrtumswahrscheinlichkeit von 10 v. H. als wesentlich von Null verschieden anzusehen sind. Und selbst bei einem zulässigen Fehler von 20 v. H. könnten nur 15 der insgesamt 88 Koeffizienten als statistisch signifikant gelten.

Ein statistisch gesicherter Zusammenhang zwischen den geldpolitischen Variablen einerseits und den anderen zur Erklärung der Lieferantenkredite herangezogenen Variablen zeigt sich also nicht.

Danach kann zwar nicht behauptet werden, von den geldpolitischen Maßnahmen gehe über Effekte auf die Liquiditätsposition, auf die Lagerhaltung, auf die Auftragslage und auf die Kapazitätsauslastung kein indirekter Einfluß auf die Lieferantenkredite aus; ein eventuell vorhandener Einfluß dieser Art ist jedoch nicht nachzuweisen.

4. Abschließende Beurteilung des Lieferantenkredits

Das Ziel empirischer Untersuchungen liegt zunächst in der Überprüfung theoretischer Hypothesen. Aus den Ergebnissen dieser Untersuchungen lassen sich dann bestimmte wirtschaftspolitische Konsequenzen ziehen.

Angewandt auf unser spezielles Problem der Beziehungen zwischen dem Lieferantenkredit und der Geldpolitik: Es kam zunächst darauf an, die wahrscheinlichen Effekte der geldpolitischen Maßnahmen auf den Lieferantenkredit zu zeigen. Von den Ergebnissen dieses Versuches hängt es ab, ob unter dem begrenzten Blickwinkel unseres Problems im Sinne einer stabilisierenden Geldpolitik eine Ergänzung des verfügbaren geldpolitischen Instrumentariums oder eine Änderung im Einsatz der vorhandenen Instrumente geboten erscheint.

Die abschließende konjunkturpolitische und geldpolitische Beurteilung des Lieferantenkredits, die nach der theoretischen Diskussion zunächst zurückgestellt werden mußte, kann nun nach Vorliegen der statistischen Ergebnisse mit angemessener Vorsicht versucht werden.

4.1. Die konjunkturpolitische Beurteilung des Lieferantenkredits

Als konjunkturpolitisch relevante Einflußfaktoren waren in der theoretischen Diskussion neben den geldpolitischen Variablen die Auftragslage und die Kapazitätsauslastung herausgestellt worden.

Für die konjunkturpolitische Beurteilung des Lieferantenkredits kommen nach unseren Schätzungen vor allem die Ergebnisse der Branchenanalysen in Betracht; die Wirtschaftsgruppe hat sich in allen Versuchen als wichtiges Element zur Erklärung des Lieferantenkreditverhaltens erwiesen.

Die folgenden Ausführungen betreffen nur die Kreditgewährungen, weil angenommen wird, daß die von uns untersuchten Aktiengesellschaften bei der Vergabe von Lieferantenkrediten konjunkturpolitisch eine aktivere Rolle spielen können als bei den empfangenen Krediten. Sicher wird die Initiative für die Veränderung der Lieferantenkredite in der Praxis häufig vom Kreditnehmer ausgehen; inwieweit aber solchen Kreditwünschen in den verschiedenen Konjunkturphasen nachgegeben wird, entscheidet letztlich doch der Kreditgeber.

Und schließlich können für eine konjunkturpolitische Beurteilung selbstverständlich nur wahrscheinliche, d. h. statistisch hinreichend gesicherte, Zusammenhänge herangezogen werden.

Nach den statistischen Ergebnissen, die für diese Diskussion in der *Tabelle 22* noch einmal besonders übersichtlich zusammengestellt sind, überwiegt für die untersuchten Wirtschaftsgruppen in den statistisch entscheidbaren Fällen zwischen der Höhe der Lieferantenkredite und der Auftragslage ein positiver Zusammenhang, zwischen der Höhe der Lieferantenkredite und der Kapazitätsauslastung dagegen ein negativer Zusammenhang.

Tabelle 22: Zusammenhang zwischen der Lieferantenvergabe großer und kleinerer AG der 21 Wirtschaftsgruppen einerseits und der Auftragslage bzw. der Kapazitätsauslastung andererseits, im Durchschnitt der Periode 1957–1967

	Auftragslage		Kapazitätsauslastung	
	große AG	kleinere AG	große AG	kleinere AG
Chemie	negativ	negativ	negativ	negativ
Baugewerbe	negativ	negativ	negativ	negativ
Textil, Bekleidung	negativ	negativ	negativ	negativ
Keramik, Glas	negativ	negativ	negativ	negativ
Einzelhandel	negativ	positiv	negativ	negativ
Großhandel	positiv	negativ	negativ	negativ
Elektrotechnik		positiv	negativ	negativ
Steine, Erden, Zement		negativ	negativ	
Brauerei	negativ	positiv	negativ	
Energie		positiv	negativ	
EBM-Waren		positiv	negativ	
Leder		positiv		
Nahrung, Genuß		positiv	positiv	
Feinmechanik	positiv			positiv
Fahrzeugbau			positiv	positiv
Papier			positiv	positiv
Eisen, Stahl	positiv	positiv		
NE-Metalle	positiv	positiv		
Maschinenbau	positiv	positiv	positiv	negativ
Stahlbau	positiv	positiv	positiv	positiv
Bergbau	positiv	positiv	positiv	positiv

Es wurde früher darauf hingewiesen, daß eine Zunahme der Lieferantenkreditvergabe bei positiven Absatzerwartungen theoretisch plausibel ist. Konjunkturpolitisch ist ein solcher positiver Zusammenhang zwischen den gewährten Lieferantenkrediten und der Auftragslage allerdings negativ zu beurteilen. Denn in einer Phase konjunktureller Expansion, die durch steigende Auftragseingänge gekennzeichnet ist, wird die zunehmende Lieferantenkreditvergabe den Aufschwung tendenziell verstärken; in Phasen beginnender Rezession, also sinkender Auftragseingänge, wird die geringere Kreditvergabe den Abschwung tendenziell verstärken. Die Auftragslage wirkt also in diesem Fall über ihren Einfluß auf den Lieferantenkredit destabilisierend, d. h., sie verstärkt tendenziell die konjunkturellen Ausschläge.

Wie die Ergebnisse der Tabelle 22 zeigen, ist eine konjunkturpolitisch destabilisierende Wirkung in der Mehrzahl der geprüften Fälle wahrscheinlich; eindeutig ist das in den 5 Wirtschaftsgruppen, in denen dieser Zusammenhang für große und kleinere Aktiengesellschaften zu gelten scheint. Für 4 Wirtschaftsgruppen ist ein negativer Zusammenhang ebenso wahrscheinlich; in den übrigen

Branchen lassen sich positive (überwiegend) und negative Beziehungen jeweils nur für bestimmte Gruppen von Aktiengesellschaften nachweisen.

Was den Zusammenhang zwischen der Lieferantenkreditvergabe und der Kapazitätsauslastung angeht, so wurde früher im theoretischen Teil auf die Möglichkeit einer mit zunehmender Kapazitätsauslastung steigenden Unsicherheit der Unternehmer über das Anhalten des Booms und als Folge daraus auf eine wahrscheinlich vorsichtigere Kreditpolitik hingewiesen. Und es wurde die Hypothese von W. H. White genannt, wonach eine zunehmende Kapazitätsauslastung die Lieferantenkreditvergabe der größeren Gesellschaften relativ verringert.

Ein solcher negativer Zusammenhang zwischen den Lieferantenkrediten und der Kapazitätsauslastung wäre konjunkturpolitisch günstig zu beurteilen. Denn eine zunehmende Kapazitätsauslastung in der Phase eines Booms wäre in diesem Fall mit einer relativen Abnahme der Lieferantenkredite verbunden, und das sollte den Boom von der Liquiditätsseite her tendenziell dämpfen. Entsprechend würden bei geringerer Kapazitätsauslastung und intensiverer Konkurrenz um die schrumpfenden Aufträge die Lieferantenkredite relativ zunehmen, was den Abschwung tendenziell dämpfen könnte. Eine in dieser Weise an der Kapazitätsauslastung ausgerichtete Lieferantenkreditpolitik der Unternehmen würde also konjunkturstabilisierend wirken.

Nach unseren statistischen Ergebnissen, wie sie in der Tabelle 22 zusammengestellt sind, ist eine solche stabilisierende Wirkung in der Mehrzahl der untersuchten Wirtschaftsgruppen wahrscheinlich. In 7 Wirtschaftsgruppen gilt dieser negative Zusammenhang für alle Aktiengesellschaften; in 4 Wirtschaftsgruppen zeigt sich aber für alle Aktiengesellschaften der entgegengesetzte positive Zusammenhang. In den übrigen Branchen sind negative (überwiegend) und positive Beziehungen jeweils nur für bestimmte Gruppen von Aktiengesellschaften nachzuweisen.

Insgesamt läßt sich aus diesen Ergebnissen nach Auffassung des Verfassers keine generelle Regel herleiten, wenn auch für die Mehrzahl der untersuchten Gruppen von Aktiengesellschaften die Beziehungen zwischen den Lieferantenkrediten und der Auftragslage für eine konjunkturpolitisch ungünstige und die Beziehungen zwischen den Lieferantenkrediten und der Kapazitätsauslastung für eine konjunkturpolitisch günstige Beurteilung der Lieferantenkredite sprechen mögen.

Für die westdeutschen Aktiengesellschaften kann zwar nicht als Regel angenommen werden, was B. Hansen und T. Nilsson aufgrund der schwedischen Erfahrungen und was W. H. White aufgrund der nordamerikanischen Erfahrungen annehmen, daß nämlich die großen Gesellschaften beim Vorliegen eines Verkäufermarktes, d. h. bei günstiger Auftragslage bzw. voller Kapazitätsauslastung, ihre Absatzbemühungen verringern und ihre Lieferantenkredite relativ einschränken. Aber die vorliegenden Ergebnisse sprechen auch nicht dafür, daß von der Lieferantenkreditpolitik der Aktiengesellschaften eine konjunkturell destabilisierende Wirkung ausgeht in dem Sinne, daß die Lieferantenkredite in Boomphasen besonders stark zunehmen und in Rezessionsphasen besonders stark abnehmen und damit die konjunkturellen Ausschläge tendenziell verstärken würden.

4.2. Die geldpolitische Beurteilung des Lieferantenkredits

Auch in bezug auf die umstrittene Frage, ob die Lieferantenkredite gerade dann besonders stark zunehmen, wenn restriktive geldpolitische Maßnahmen ergriffen worden sind, so daß die beabsichtigte Liquiditätseinschränkung durch eine gleichzeitige Liquiditätsausweitung über vermehrte Lieferantenkredite teilweise gestört wird, läßt sich für die erfaßten Aktiengesellschaften nach unseren Untersuchungen bei aller Zurückhaltung nun doch etwas mehr sagen als vorher.

In der Mehrzahl der untersuchten Gruppen haben die westdeutschen Aktiengesellschaften im Durchschnitt der Untersuchungsperiode anscheinend keine aktive Kreditpolitik betrieben, wodurch die offizielle Geldpolitik gestört worden wäre. Vielmehr haben sie sich bewußt oder unbewußt in ihrem Kreditverhalten überwiegend den Intentionen der Zentralbank angepaßt, indem sie in Zeiten restriktiver Geldpolitik ihre Lieferantenkreditvergabe relativ eingeschränkt und damit die Stabilisierungsaufgabe der Deutschen Bundesbank erleichtert haben. Abweichungen lassen sich für einzelne Gruppen mit überwiegend großen Aktiengesellschaften jedoch auch hier nachweisen.

Zieht man auch die Ergebnisse für die aufgenommenen Lieferantenkredite zur Gesamtbeurteilung heran, so wird das oben formulierte Ergebnis bestätigt. Selbst wenn in Zeiten restriktiver Geldpolitik bei den Aktiengesellschaften der Wunsch nach Lieferantenkrediten größer war, konnten sie diesen Wunsch im allgemeinen nicht realisieren: Die empfangenen Kredite haben für die Mehrzahl der untersuchten Gruppen von Aktiengesellschaften in Restriktionsphasen relativ abgenommen. Das gilt auch für die großen Gesellschaften, die aufgrund ihrer stärkeren Marktstellung vermutlich am ehesten mit der Erfüllung solcher Kreditwünsche rechnen könnten.

Da unsere Schätzungen auch indirekte Wirkungen der Geldpolitik auf die Lieferantenkredite über die Liquiditätslage, die Lagerhaltung, die Auftragslage und die Kapazitätsauslastung nicht bestätigen, hat sich nach unseren Ergebnissen für die westdeutschen Aktiengesellschaften insgesamt die Hypothese von der geldpolitisch störenden Wirkung der Lieferantenkredite nicht bewährt.

Die Lieferantenkredite der westdeutschen Aktiengesellschaften scheinen im Durchschnitt der Untersuchungsperiode die offizielle Geldpolitik durch ihre Lieferantenkreditpolitik eher noch unterstützt zu haben; aber natürlich lassen unsere statistischen Ergebnisse eine solche Schlußfolgerung nicht zu.

4.3. Wirtschaftspolitische Konsequenzen

Der Lieferantenkredit der nicht-monetären Unternehmen wird, soweit er in der neueren deutschen geldtheoretischen oder geldpolitischen Literatur überhaupt erwähnt ist, in enger Anlehnung an die Ergebnisse der Untersuchung von Brechling und Lipsey für England neben den Krediten der sekundären Finanzierungsinstitute als ein Störfaktor der offiziellen Geldpolitik angesehen[189].

In einem kürzlich erschienenen Buch von E. Dürr findet sich der Hinweis auf „verzögernde Effekte" des Lieferantenkredits in bezug auf die Wirksamkeit der restriktiven Geldpolitik[190]. Zu dieser allgemeinen Hypothese von verzögernden Effekten des Lieferantenkredits kann nach unseren empirischen Untersuchungen, die sich ohnehin nur auf die Aktiengesellschaften beziehen, wenig gesagt werden, weil wir die Hypothese in dieser vorsichtig formulierten Form mit unserem statistischen Material kaum überprüfen können. Aber allein der Umstand, daß selbst nach unseren Versuchen für einzelne Gruppen von Aktiengesellschaften eine aktive Kreditpolitik im früher definierten Sinne als wahrscheinlich angesehen werden kann, läßt auf eine gewisse verzögernde Wirkung der Lieferantenkredite schließen. Es ist darüber hinaus durchaus möglich, daß auch die Lieferantenkredite der übrigen westdeutschen Aktiengesellschaften die Wirksamkeit der offiziellen Geldpolitik für einzelne Wochen, ja sogar Monate verzögern; jährliche Angaben über die Lieferantenkredite können solche kurzfristigen Verzögerungen nicht offenlegen. Dazu müßten die Kundenkarteien einzelner Unternehmen – und vor allem auch Unternehmen anderer Rechtsformen – analysiert werden können; das aber war dem Verfasser bisher nicht möglich.

Allerdings sollte sich auch Dürr, wenn er die Hypothese von den verzögernden Effekten der Lieferantenkredite für die BRD formuliert, nicht gerade auf die Untersuchungen von Brechling und Lipsey für England stützen.

Nach den Ergebnissen der vorliegenden Untersuchung können die nichtmonetären westdeutschen Aktiengesellschaften *bis auf weiteres* aus dem Kreis der geldpolitischen „Störenfriede" entlassen werden; ihr Kreditverhalten deutet wie gezeigt insgesamt nicht auf eine wesentliche Störung der offiziellen Geldpolitik hin.

Im Anschluß an die Darlegungen im Radcliffe-Report und vor allem nach den Untersuchungen von Brechling und Lipsey wurden Vorschläge geäußert, die auf eine strengere Kontrolle auch der Lieferantenkredite hinausliefen.

Am weitesten geht dabei K. Bieda, der eine allgemeine Kreditsteuer empfiehlt mit variablen Steuersätzen je nach der konjunkturellen Phase, die vom Kreditgeber zu entrichten und vom Kreditnehmer zu tragen sei[191]. Bieda versucht, den Politikern seinen Vorschlag durch den Hinweis schmackhafter zu machen,

[189] „Wie Brechling und Lipsey für Großbritannien gezeigt haben, nimmt der Handelskredit in Zeiten restriktiver Geldpolitik besonders stark zu" (*K. Wieners* [188, S. 28]).
[190] *E. Dürr* [37, S. 158].
[191] *K. Bieda* [12, S. 326 ff.].

eine solche Steuer habe auch einen fiskalischen Effekt. Und auch die Probleme für die Staatsschuld in einer Phase restriktiver Geldpolitik sieht er mit seiner Steuer gelöst; denn da dieses neue Instrument ohnehin allgemeiner und gezielter eingesetzt werden könne, also wirksamer sei als die Zinspolitik, brauche eine Kreditrestriktion die Kosten der Staatsschuld nach seiner Meinung nicht mehr zu erhöhen. Er findet so viele Vorzüge für seine Methode, z. B. auch den, daß die Einkünfte aus dieser Steuer ein hervorragendes Konjunkturbarometer darstellen und zuverlässige Informationen über die Gesamtentwicklung der Kredite liefern könnten (allerdings würden diese Informationen wohl etwas spät kommen, V. T.), daß man sich wundert, wie gering die Resonanz auf diesen zweifellos originellen Vorschlag blieb.

Unsere Ergebnisse stützen kein Argument für eine Ergänzung des verfügbaren geldpolitischen Instrumentariums unter dem Gesichtspunkt einer wirksamen Kontrolle der Lieferantenkredite; denn die Wirksamkeit der offiziellen Geldpolitik wurde im Durchschnitt der Untersuchungsperiode durch die zyklischen Veränderungen der Lieferantenkredite der westdeutschen Aktiengesellschaften nicht wesentlich eingeschränkt.

Aber eine Konsequenz sollte auf jeden Fall aus unserer Untersuchung gezogen werden: Wir brauchen mehr Informationen über das Kreditverhalten der Unternehmen und der anderen sekundären Finanzierungsinstitute.

In der BRD ist die Bankstatistik gut ausgebaut. Aber mit dem richtigen Grundsatz der neueren Geldtheorie „Geldpolitik darf nicht nur Bankpolitik sein" wird die gründliche Analyse *aller* Kanäle notwendig, durch die Finanzierungsmittel in den Kreislauf gelangen. Die vorhandenen Statistiken erschweren diese Analyse erheblich und machen sie in einzelnen Fällen sogar unmöglich.

Die deutschen Nationalökonomen werden z. T. mit Recht dafür getadelt, daß sie in der Vergangenheit geldpolitische Probleme etwas stiefmütterlich behandelt haben. Es ist richtig, daß es Sache der Nationalökonomen ist, über die geldtheoretischen Zusammenhänge nachzudenken. Man kann nicht die allgemeine Unzufriedenheit mit der Geldpolitik allein den Direktoren der Zentralbank anlasten, deren Aufgabe die Durchführung von finanziellen Transaktionen sowie die Vorbereitung und Durchführung geldpolitischer Maßnahmen ist, nicht aber das Nachdenken über abstrakte Zusammenhänge.

Der Nationalökonom muß jedoch – in den Worten von J. M. Keynes – über alles Bescheid wissen, damit er für die Direktoren der Zentralbank „nachdenken" kann. „In the case of monetary science there is a special reason why statistics are of fundamental importance to suggest theories, to test them and to make them convincing. Monetary Theory, when all is said and done, is little more than a vast elaboration of the truth that ‚it all comes out in the wash'. But to show this to us and to make it convincing, we must have a complete inventory."[192]

[192] *J. M. Keynes*, A Treatise on Money [85, Vol. 2, S. 408].

Literaturverzeichnis

[1] *Albach, H.:* Wirtschaftlichkeitsrechnung bei unsicheren Erwartungen. Köln 1959

[2] *Albers, W.:* Der Einfluß der Notenbank auf die Geld- und Kreditschöpfung in der BRD. In: Weltwirtschaftliches Archiv, Bd. 81 (1958 II), S. 46–54

[3] *Andersen, L. C.:* A Measurement and Comparison of the Incidence of Monetary Measures and Fiscal Measures on the Structure of Equilibrium Output for Selected Industries. In: The Review of Economics and Statistics, Vol. 46 (1964), S. 260–268

[4] *Angell, J. W., and others:* Controversial Issues in Recent Monetary Policy: A Symposium. In: The Review of Economics and Statistics, Vol. 42 (1960), S. 245–282

[5] *Aschheim, J.:* Commercial Banks and Financial Intermediaries: Fallacies and Policy Implications. In: Journal of Political Economy, Vol. 67 (1959), S. 59–71

[6] –: Techniques of Monetary Control. Baltimore 1961

[7] –: Commercial-Bank Uniqueness. In: Journal of Political Economy, Vol. 78 (1970), S. 353–355

[8] *Bach, G. L., and Huizenga, C. J.:* The Differential Effects of Tight Money. In: The American Economic Review, Vol. 51 (1961), S. 52–80

[9] *Bates, J. A., and Stewart, M.:* Small Manufacturing Business Accounting Information from a Pilot Survey. In: Bulletin of the Oxford University Institute of Statistics, Vol. 18 (1956), S. 141–178

[10] *Bates, J. A.:* The Finance of Small Business. In: Bulletin of the Oxford University Institute of Statistics, Vol. 20 (1958), S. 153–186

[11] *Benston, G. J.:* Commercial Bank Price Discrimination Against Small Loans: An Empirical Study. In: The Journal of Finance, Vol. 19 (1964), S. 631–643

[12] *Bieda, K.:* For an Effective Monetary Policy: A New Method. In: The Economic Record, Vol. 39 (1963), S. 324–331

[13] *Bischof, N., und Birnbaum, W.:* Zu den Problemen des Lieferantenkredits. In: Konjunkturpolitik, 12. Jg. (1966), S. 58–67

[14] *Bosch, A., und Veit, R.:* Theorie der Geldpolitik. Tübingen 1966

[15] *Brechling, F. P. R., and Lipsey, R. G.:* Trade Credit and Monetary Policy. In: The Economic Journal, Vol. 73 (1963), S. 618–641

[16] –: Trade Credit and Monetary Policy: A Rejoinder. In: The Economic Journal, Vol. 76 (1966), S. 165–167

[17] *Bringmann, G.:* Der Lieferantenkredit als Mittel der Absatzpolitik in betriebswirtschaftlicher Sicht. Wien 1936

[18] *Brunner, K.:* The Report of the Commission on Money and Credit. In: Journal of Political Economy, Vol. 69 (1961), S. 605–620

[19] *Cairncross, A. K.:* The Changing Background to Monetary Policy. In: A. K. Cairncross, Monetary Policy in a Mixed Economy. Stockholm 1960

[20] *Chow, G. C.:* Tests of Equality Between Sets of Coefficients in Two Linear Regressions. In: Econometrica, Vol. 28 (1960), S. 591–605

[21] *Christ, C. F.:* Econometric Models and Methods. New York 1966

[22] *Claassen, E. M.:* Probleme der Geldtheorie. Berlin 1970

[23] *Clayton, G.:* British Financial Intermediaries in Theory and Practice. In: The Economic Journal, Vol. 72 (1962), S. 869–886

[24] *Cloete, J. J.:* Banking – a Declining Industry? In: The South African Journal of Economics, Vol. 35 (1967), S. 153–162

[25] *Clower, R. W., and Burstein, M. L.:* On the Invariance of Demand for Cash and Other Assets. In: The Review of Economic Studies, Vol. 28 (1960/61), S. 32–36

[26] *Coates, J. B.:* Trade Credit: A Case Study. In: The Journal of Industrial Economics, Vol. 13 (1964/65), S. 205–213

[27] –: Trade Credit and Monetary Policy: A Study of the Accounts of 50 Companies. In: Oxford Economic Papers, Vol. 19 (1967), S. 116–132

[28] Commission on Money and Credit: Money and Credit – Their Influence on Jobs, Prices, and Growth. Englewood Cliffs 1961

[29] Committee on Finance and Industry: Report. London 1931

[30] Committee on the Working of the Monetary System: Report. London 1959

[31] –: Principal Memoranda of Evidence. London 1960

[32] *Cramp, A. B.:* Financial Intermediaries and Monetary Policy. In: Economica, Vol. 29 (1962), S. 143–151

[33] *Croome, D. R., and Johnson, H. G. (eds.):* Money in Britain 1959–1969, The Papers of the "Radcliffe Report – Ten Years after Conference". Oxford 1970

[34] *Culbertson, J. M.:* Intermediaries and Monetary Theory: A Criticism of the Gurley-Shaw Theory. In: The American Economic Review, Vol. 48 (1958), S. 119–131

[35] *Dow, J. C. R.:* The Management of the British Economy, 1945–1960. Cambridge 1964

[36] *Dürr, E.:* Wirkungsanalyse der monetären Konjunkturpolitik. Frankfurt a. M. 1966

[37] –: Probleme der Konjunkturpolitik. Freiburg 1968

[38] *Edwards, W., Lindman, H., and Savage, L. J.:* Bayesian Statistical Inference for Psychological Research. In: Psychological Review, Vol. 70 (1963), S. 193–242

[39] *Egle, W. P.:* Recent Experiences with the Federal Reserve System's Restrictive Monetary Policy. In: Zeitschrift für Nationalökonomie, Bd. 27 (1967), S. 84–88

[40] *Ellis, H. S.:* The Rediscovery of Money. In: D. McCord Wright and R. V. Roosa (eds.), Money, Trade, and Economic Growth, New York 1951, S. 253–269

[41] *Engelen, K.:* Die Finanzierung und das Factoring von Buchforderungen in den Vereinigten Staaten von Amerika. Köln 1965

[42] –: Der Handels- und Lieferantenkredit in den USA. Berlin 1969

[43] *Entine, A. D.:* Government Securities Holding of Selected Financial Intermediaries, 1954–1962. In: The Journal of Finance, Vol. 19 (1964), S. 644–651

[44] *Fand, D. I.:* Intermediary Claims and the Adequacy of our Monetary Controls. In: D. Carson (ed.), Banking and Monetary Studies, Homewood 1963, S. 234–253

[45] Federal Reserve Bank of Kansas City: Trade Credit: A Factor in the Rationing of Capital. In: Federal Reserve System, Financing Small Business. Washington 1958, S. 506–511

[46] Federal Reserve System: Financing Small Business. Washington 1958

[47] *Fisher, I.:* The Purchasing Power of Money (1911), Reprints of Economic Classics. New York 1963

[48] *Fisher, R. A.:* Statistical Methods for Research Workers (1925), 12. Aufl., London 1954

[49] *Frazer jr., W. J.:* Monetary Analysis and the Postwar Rise in the Velocity of Money

in the U.S. In: Schweizerische Zeitschrift für Volkswirtschaft und Statistik, Vol. 100 (1964), S. 584–596

[50] *Friedman, M.:* The Quantity Theory of Money – A Restatement. In: M. Friedman (ed.), Studies in the Quantity-Theory of Money. Chicago 1956, S. 3–21

[51] –: Die optimale Geldmenge und andere Essays. München 1970

[52] *Friedman, M., and A. J. Schwartz:* A Monetary History of the U.S. 1867--1960, 2. Aufl., Princeton 1964

[53] *Friedman, M.:* The Role of Monetary Policy. In: The American Economic Review, Vol. 58 (1968), S. 1–17

[54] *Galbraith, J. K.:* Market Structure and Stabilization Policy. In: The Review of Economics and Statistics, Vol. 39 (1957), S. 124–133

[55] *Gaskin, M.:* Liquidity and the Monetary Mechanism. Oxford Economic Papers, Vol. 12 (1960), S. 274–293

[56] *Ghosh, A.:* The Sayers' Radcliffe Thesis Compared with the Gurley-Shaw Thesis. In: The Indian Economic Journal, Vol. 11 (1964), S. 413–426

[57] *Goedhuys, D. W.:* Money on the Wing or the Rise of the Non-Bank Lenders. In: The South African Journal of Economics, Vol. 32 (1964), S. 211–218

[58] *Griliches, Z.:* Distributed Lags: A Survey. In: Econometrica, Vol. 55 (1967), S. 16–49

[59] *Gurley, J. G., and Shaw, E. S.:* Financial Aspects of Economic Development. In: The American Economic Review, Vol. 45 (1955), S. 513–538

[60] –: Financial Intermediaries and the Saving-Investment Process. In: The Journal of Finance, Vol. 11 (1956), S. 257–276

[61] –: The Growth of Dept and Money in the U.S. 1800–1950: A Suggested Interpretation. In: The Review of Economics and Statistics, Vol. 39 (1957), S. 250–262

[62] –: Reply. In: The American Economic Review, Vol. 48 (1958), S. 132–138

[63] –: Money in a Theory of Finance (1960), 3. Aufl. Washington 1964

[64] –: Financial Structures and Economic Development. In: Economic Development and Cultural Change, Vol. 15 (1966/67), S. 257–268

[65] *Gurley, J. G.:* The Radcliffe Report and Evidence, A Review Article. In: The American Economic Review, Vol. 50 (1960), S. 672–700

[66] *Guttentag, J. M., and Lindsay, R.:* The Uniqueness of Commercial Banks. In: Journal of Political Economy, Vol. 76 (1968), S. 991–1014

[67] *Hamburger, M. J.:* Indicators of Monetary Policy: The Arguments and the Evidence. In: The American Economic Review, Pap. and Proc., Vol. 60 (1970), S. 32–39

[68] –: The Demand for Money by Households, Money Substitutes and Monetary Policy. In: Journal of Political Economy, Vol. 74 (1966), S. 600–623

[69] *Hansen, B., and Nilsson, T.:* Die Ausländischen Handelskredite. In: Skandinaviska Banken, Jg. 41 (1961), S. 101–109

[70] *Henderson, R. F.:* Trade Credit. In: B. Tew and R. F. Henderson (eds.), Studies in Company Finance, Cambridge 1959, S. 92–107

[71] –: Monetary Reserves and Credit Control. In: The American Economic Review, Vol. 50 (1960), S. 348–369

[72] –: Principles of Monetary Policy. In: The Economic Record, Vol. 37 (1961), S. 131–139

[73] –: Monetary Policy in Australia 1960/61. In: The Economic Record, Vol. 37 (1961), S. 294–307

[74] *Hicks, J. R.:* Liquidity. In: The Economic Journal, Vol. 72 (1962), S. 787–802

[75] –: Buchbesprechung (B. P. Pesek and T. R. Saving, Money, Wealth, and Economic Growth). In: The Economic Journal, Vol. 79 (1969), S. 129–131
[76] *Holtrop, M. W.*: Die Umlaufgeschwindigkeit des Geldes. In: F. A. Hayek (Hrsg.), Beiträge zur Geldtheorie, Wien 1933, S. 115–209
[77] –: Über die Deutung monetärer Erscheinungen. In: Weltwirtschaftliches Archiv, Bd. 79 (1957 II), S. 242–266
[78] *Jäger, G.*: Entwicklung der sekundären Finanzierungsinstitute in der BRD und ihre Bedeutung für die Zentralbankpolitik. Tübingen 1968
[79] *Jasay, A. E.*: The Working of the Radcliffe Monetary System. In: Oxford Economic Papers, Vol. 12 (1960), S. 170–180
[80] *Johnston, J.*: Econometric Methods. New York 1963
[81] *Jonas, H. H.*: Grenzen der Kreditfinanzierung. Wiesbaden 1960
[82] –: Der Handelskredit. In: H. Janberg (Hrsg.), Finanzierungshandbuch, Wiesbaden 1964, S. 195–221
[83] *Junk, P. E.*: Monetary Policy and the Extension of Trade Credit. In: The Southern Economic Journal, Vol. 30 (1963/64), S. 274–277
[84] *Kaldor, N.*: The Radcliffe Report. In: The Review of Economics and Statistics, Vol. 42 (1960), S. 14–19
[85] *Keynes, J. M.*: A Treatise on Money (1930), 6. Aufl., London 1958 u. 1960
[86] –: The General Theory of Employment, Interest and Money. London 1936
[87] –: The General Theory of Employment. In: The Quarterly Journal of Economics, Vol. 51 (1936/37), S. 209–223
[88] *Kippenberger, H.*: Geldmenge und Umschlagshäufigkeit. Frankfurt a. M. 1962
[89] *Knies, K.* Das Geld (1873), 2. Aufl. Berlin 1885
[90] –: Der Credit. Berlin 1876
[91] *Koch, A. R.*: The Financing of Large Corporations, 1920–1939. New York 1943
[92] *Köhler, H. J.*: Der Begriff „Geldmenge" und seine Problematik. Berlin 1960
[93] *König, H.*: Einkommenskreislaufgeschwindigkeit des Geldes und Zinssatzveränderungen. Eine ökonometrische Studie über die Geldnachfrage in der BRD. In: Zeitschrift für die gesamte Staatswissenschaft, 124. Bd. (1968), S. 70–90
[94] *König, H., und Wolters, J.*: Über den Zusammenhang zwischen kurz- und langfristigem Zinssatz: Eine Spektralanalyse der Westdeutschen Zinsstruktur, Discussion Paper 6/68 des Instituts für Empirische Wirtschaftsforschung. Mannheim 1968
[95] *Kruse, A.*: Der Mittelstandskredit. Jena 1941
[96] *Laffer, A. B.*: Trade Credit and the Money Market. In: Journal of Political Economy, Vol. 78 (1970), S. 239–267
[97] *Langen, H.*: Preis- und konditionspolitische Maßnahmen in der Rezession. In: H. Jacob (Hrsg.), Unternehmenspolitik bei schwankender Konjunktur, Schriften zur Unternehmensführung, Bd. 1, Wiesbaden o. J., S. 43–60
[98] –: Finanzierung von Investitionen aus Abschreibungen. In: H. Janberg (Hrsg.), Finanzierungshandbuch, Wiesbaden 1964, S. 337–350
[99] *Lavington, F.*: The English Capital Market. London 1921
[100] *Lee, T. H.*: Substitutability of Non-Bank Intermediary Liabilities for Money: The Empirical Evidence. In: The Journal of Finance, Vol. 21 (1966), S. 441–457
[101] *Leutner, H.*: Geldstromtheorie und Liquiditätstheorie. Frankfurt a. M. 1962
[102] *Levitt, M. S.*: Monetary Theory and Trade Credit: An Historical Approach. In: Yorkshire Bulletin of Economic and Social Research, Vol. 16 (1964), S. 88–96

[103] *Lipfert, H.:* Der Einfluß einer Rezession auf die Finanzierung der Unternehmung. In: H. Jacob (Hrsg.), Unternehmenspolitik bei schwankender Konjunktur, Schriften zur Unternehmensführung, Bd. 1, Wiesbaden o. J., S. 9–42

[104] *Luce, R. D., and Raiffa, H.:* Games and Decisions (1957), 5. Aufl. New York 1965

[105] *Lutz, F. A.:* Die Nachfrage nach Geld. In: Jahrbücher für Nationalökonomie und Statistik, Bd. 172 (1960), S. 93–125

[106] *Lydall, H. F.:* The Impact of the Credit Squeeze on Small and Medium-Sized Manufacturing Firms. In: The Economic Journal, Vol. 67 (1957), S. 415–431

[107] *MacLeod, H. D.:* Lectures on Credit and Banking. London 1882

[108] –: The Theory of Credit (1889), 2. Aufl. London 1897

[109] *Marshall, A.:* Money, Credit and Commerce (1923), Kelley-Reprint. New York 1965

[110] *Mayer, T.:* Trade Credit and the Discriminatory Effects of Monetary Policy. In: The National Banking Review, Juni 1966, S. 543–545

[111] *McKean, R. N.:* Liquidity and a National Balance Sheet (1949). In: F. A. Lutz and L. W. Mints (eds.), Readings in Monetary Theory, 3. Aufl., London 1962, S. 63–88

[112] *McLeod, A. N.:* Credit Expansion in an Open Economy. In: The Economic Journal, Vol. 72 (1962), S. 611–640

[113] –: Some Observations on Trade Credit and Monetary Policy. In: The Economic Journal, Vol. 74 (1964), S. 729–734

[114] *Meltzer, A. H.:* Mercantile Credit, Monetary Policy and Size of Firms. In: The Review of Economics and Statistics, Vol. 42 (1969), S. 429–437

[115] –: Monetary Policy and the Trade Credit Practices of Business Firms. In: Commission on Money and Credit (ed.), Stabilization Policies, Englewood Cliffs, N. J., 1963, S. 471–497

[116] *Mill, J. St.:* Principles of Political Economy (1848), Neudruck nach der 7. Aufl. von 1871. Toronto 1965

[117] *Minsky, H. P.:* Central Banking and Money Market Changes. In: The Quarterly Journal of Economics, Vol. 71 (1957), S. 171–187

[118] *Moeller, H.:* Gleichschritt der Banken. In: Weltwirtschaftliches Archiv, Bd. 70 (1953 I), S. 167–204

[119] *Moore, G. H.:* The Quality of Credit in Booms and Depressions. In: The Journal of Finance, Vol. 11 (1956), S. 288–300

[120] *Morgenstern, O.:* Über die Genauigkeit wirtschaftlicher Beobachtungen (1950), 2. Aufl. Wien 1965

[121] *Nadiri, M. I.:* The Determinants of Trade Credit in the U. S. Total Manufacturing Sector. In: Econometrica, Vol. 37 (1969), S. 408–423

[122] *Nerlove, M.:* Preliminary Results on Factors Affecting Differences Among Rates of Return on Investments in Individual Common Stocks, Harvard Institute of Economic Research, Discussion Paper No. 23, Cambridge (Mass.) 1968

[123] *Nerlove, M., and Arrow, K. J.:* Optimal Advertising Policy Under Dynamic Conditions. In: Economica, Vol. 29 (1962), S. 129–142

[124] *Newlyn, W. T.:* The Supply of Money and its Control. In: The Economic Journal, Vol. 74 (1964), S. 327–346

[125] *Nußbaumer, A.:* Der Einfluß des Banksystems auf Geldmenge, Masseneinkommen und Zinsbildung. In: Zeitschrift für Nationalökonomie, Bd. 20 (1960), S. 316–413

[126] *Paish, F. W.:* What is this Liquidity? In: The Banker (London), Jg. 1959, S. 590–597

[127] *Patinkin, D.:* Financial Intermediaries and the Logical Structure of Monetary Theory, A Review Article. In: The American Economic Review, Vol. 51 (1961), S. 95–116

[128] *Pesek, B. P., and Saving, T. R.:* Money, Wealth and Economic Theory. New York 1967

[129] *Philipp, F.:* Risiko und Risikopolitik. Stuttgart 1967

[130] *Prais, S. J.:* Company Finances after the Boom. In: The Banker (London), Jg. 1958, S. 519–528

[131] *Reinhardt, H.:* Economics of Mercantile Credit: A Study of Methodology. In: The Review of Economics and Statistics, Vol. 39 (1957), S. 463–467

[132] *Ritter, L. S.:* The Role of Money in Keynesian Theory. In: D. Carson (ed.), Money and Finance: Readings in Theory, Policy, and Institutions, New York 1966, S. 165–176

[133] –: Income Velocity and Anti-Inflationary Monetary Policy. In: The American Economic Review, Vol. 49 (1959), S. 120–129

[134] –: The Structure of Financial Markets, Income Velocity, and the Effectiveness of Monetary Policy. In: Schweizerische Zeitschrift für Volkswirtschaft und Statistik, Vol. 98 (1962), S. 276–289

[135] *Rittershausen, H.:* Bankpolitik. Frankfurt a. M. 1956

[136] –: Die Zentralnotenbank. Frankfurt a. M. 1962

[137] *Rose, H. B.:* Domestic Trade Credit and Economic Policy, Memorandum of Evidence Submitted to the Committee on the Working of the Monetary System 1958. In: Principal Memoranda of Evidence, Vol. 3, Part 8, London 1960, S. 219–227

[138] *Ross, M. H.:* Large Economic Units, Banks and the Transactions Demand for Money: Comment. In: The Quarterly Journal of Economics, Vol. 81 (1967), S. 529–531

[139] *Rousseas, S. W.:* Velocity Changes and the Effectiveness of Monetary Policy, 1951–1957. In: The Review of Economics and Statistics, Vol. 42 (1960), S. 27–36

[140] *Rowan, D. C.:* The Radcliffe Report: A Distant View. In: The Economic Record, Vol. 37 (1961), S. 53–72

[141] –: Radcliffe Monetary Theory. In: The Economic Record, Vol. 37 (1961), S. 420–441

[142] Royal Commission on Banking and Finance: Report. Ottawa 1965

[143] *Sawitzki, E.:* Das Geld- und Kreditwesen in Mitteldeutschland. Frankfurt a. M. 1964

[144] *Sayers, R. S.:* Central Banking in the Light of Recent British and American Experience. In: The Quarterly Journal of Economics, Vol. 63 (1949), S. 198–211

[145] –: Ricardo's View on Monetary Questions. In: The Quarterly Journal of Economics, Vol. 67 (1953), S. 30–49

[146] –: Monetary Thought and Monetary Policy in England (Presidential Address to Section F of the British Association for the Advancements of Science at Cardiff, 2. 9. 1960). In: The Economic Journal, Vol. 70 (1960), S. 710–724

[147] *Schaaf, G.:* Beurteilung des Bankengleichschritts. In: Schmollers Jahrbuch, 86 Jg. (1966), S. 33–54

[148] *Schilcher, R.:* Geldfunktionen und Buchgeldschöpfung. Berlin 1958

[149] *Schmölders, G.:* The Liquidity Theory of Money. In: Kyklos, Vol. 13 (1960), S. 346–360

[150] *Schumpeter, J. A.:* Das Sozialprodukt und die Rechenpfennige (1917). Wieder abgedruckt in: J. A. Schumpeter, Aufsätze zur ökonomischen Theorie, Tübingen 1952, S. 29–117

[151] –: Geschichte der ökonomischen Analyse, 2 Bände. Göttingen 1965

[152] –: Das Wesen des Geldes. Aus dem Nachlaß herausgegeben und mit einer Einführung versehen von F. K. Mann, Göttingen 1970

[153] *Sigrist, W.:* Unternehmensfinanzierung und Marktwirtschaft. Mannheimer Dissertation 1963

[154] *Simmons, E. C.:* The Relative Liquidity of Money and Other Things (1947). Abgedruckt in: F. A. Lutz und L. W. Mints (eds.), Readings in Monetary Theory, 3. Aufl., London 1962, S. 33–37

[155] *Simons, H. C.:* Hansen on Fiscal Policy (1942). In: H. C. Simons, Economic Policy for a Free Society, Chicago 1948

[156] –: Rules versus Authorities in Monetary Policy (1936). In: H. C. Simons, Economic Policy for a Free Society, Chicago 1948

[157] *Smith, W. L.:* On the Effectiveness of Monetary Policy. In: The American Economic Review, Vol. 46 (1956), S. 588–606

[158] *Smith, W. L., and Mickesell, R. F.:* The Effectiveness of Monetary Policy, Recent British Experience. In: Journal of Political Economy, Vol. 65 (1957), S. 18–39

[159] *Smith, W. L.:* Financial Intermediaries and Monetary Controls. In: W. L. Smith and R. L. Teigen (eds.) „Readings in Money, National Income, and Stabilization Policy", Homewood (Ill.) 1965, S. 163–177

[160] –: The Significance of Government Debt and Financial Intermediaries: Two Opposing Views. In: US Congress Joint Economic Committee, Staff Report on Employment, Growth, and Price Levels, 1959, S. 344–362

[161] *Stein, H.:* Report of the Royal Commission on Banking and Finance, 1964: Review Article. In: Journal of Political Economy, Vol. 74 (1966), S. 265–273

[162] *Strobel, A.:* Die Liquidität (1952), 2. Aufl. Stuttgart 1953

[163] *Stützel, W.:* Volkswirtschaftliche Saldenmechanik. Ein Beitrag zur Geldtheorie, Tübingen 1958

[164] –: Moderne Kreditpolitik. In: Konjunkturpolitik, 5. Jg. (1959), S. 65–81

[165] *Tew, B., and Henderson, R. F. (eds.):* Studies in Company Finance, A Symposium on the Economic Analysis and Interpretation of British Company Accounts. Cambridge 1959

[166] *Thompson, D. S.:* Changes in the Quality of Bank Credit. In: The Journal of Finance, Vol. 11 (1956), S. 301–311

[167] *Thornton, H.:* An Enquiry into the Nature and Effects of the Paper Credit of Great Britain. London 1802, 2. Aufl. (edited by F. A. v. Hayek), New York 1939

[168] *Timberlake, jr., R. H.:* The Stock of Money and Money Substitutes. In: The Southern Economic Journal, Vol. 30 (1963), S. 253–260

[169] *Timmermann, V.:* Wertpapierbestände und Rendite, Liquiditätsentwicklung und Kredite. Eine empirische Analyse über die Wirksamkeit des Roosa-Effektes in der BRD. In: Zeitschrift für die gesamte Staatswissenschaft, 124. Bd. (1968), S. 684–696

[170] –: Regulierung der Teilzahlungskredite. – Ein nützliches Instrument der Geld-

politik. In: Jahrbücher für Nationalökonomie und Statistik, Bd. 182 (1968/69), S. 254–257

[171] –: Zur Refinanzierung der Banken beim Zentralbanksystem. Eine empirische Analyse für die BRD, 1955–1968. In: Jahrbücher für Nationalökonomie und Statistik Bd. 185 (1971), S. 328–344

[172] *Tobin, J.*: Commercial Banks as Creators of „Money". In: D. Carson (ed.), Banking and Monetary Studies, Homewood 1963, S. 408–419

[173] *Tobin, J., and Brainard, W. C.*: Financial Intermediaries and the Effectiveness of Monetary Controls. In: The American Economic Review, Pap. and Proc., Vol. 53 (1963), S. 384–400

[174] *Tooke, T.*: A History of Prices and of the State of the Circulation from 1793–1837, Vol. 4, London 1848

[175] –: Inquiry into the Currency Principle. London 1844

[176] *Veit, O.*: Volkswirtschaftliche Theorie der Liquidität. Frankfurt a. M. 1948

[177] –: Scheinprobleme der Geldtheorie. In: Zeitschrift für die gesamte Staatswissenschaft, 107. Bd. (1951), S. 265–292

[178] *Viner, H.*: Problems of Monetary Control. Princeton 1964

[179] *Vogt, W.*: Die Wachstumszyklen der westdeutschen Wirtschaft. Tübingen 1968

[180] *Wagner, V. F.*: Geschichte der Kredittheorien, Neudruck der Ausgabe Wien 1937. Aalen 1966

[181] *Weise, H.*: Aktuelle Probleme der Geld- und Kreditpolitik in amerikanischer Sicht. In: Weltwirtschaftliches Archiv, Bd. 90 (1963), S. 148–187

[182] –: Probleme der Geld- und Kreditpolitik, im Lichte des Radcliffe-Reports. Tübingen 1964

[183] *White, W. H.*: The Importance of Interbusiness Credits (Trade Credit) and the Usefullness of Monetary Policy, International Monetary Fund, DM/62/16. Washington 1962

[184] –: Interbusiness Credit (Trade Credit) and the Effectiveness of Monetary Policy: Further Evidence, International Monetary Fund, DM/64/13. Washington 1964

[185] –: Trade Credit and Monetary Policy: A Reconciliation. In: The Economic Journal, Vol. 74 (1964), S. 935–946

[186] –: Trade Credit and Monetary Policy: A Reply (mimeogr. paper). Washington 1967

[187] *Wicksell, K.*: Geldzins und Güterpreise. Jena 1898

[188] *Wieners, K.*: Geldpolitik und Wirtschaftswachstum. Die Wirkungen der restriktiven Geldpolitik auf das Wirtschaftswachstum und seine Komponenten. Freiburg 1969

[189] *Witte, E.*: Die Liquiditätspolitik der Unternehmung. Tübingen 1963

[190] *Wittmann, W.*: Unternehmung und unvollkommene Information. Köln 1959

[191] *Yeager, L. B.*: Essential Properties of the Medium of Exchange, Kyklos, Vol. 21 (1968), S. 45–68

Beiträge zur Geldlehre

Herausgegeben von **Rudolf Schilcher**

Obwohl das Interesse der ökonomischen Forschung an monetären Fragen und damit die Bedeutung der Geldlehre innerhalb der gesamten Ökonomik in den letzten fünfzig Jahren deutlichen Schwankungen unterlag, hat sich im Ganzen eine beträchtliche Entwicklung vollzogen, bei der allerdings viele Einzelfragen ungelöst blieben. Um dieser Entfaltung der Geldlehre Stärke und Dauer zu geben, ist aber auch die Erforschung der zahlreichen noch offenen Sozialprobleme erforderlich. Zudem bedarf es der Sicherung neuer geldwirtschaftlicher Erkenntnisse durch ihre Verzahnung mit den wissenschaftlichen Nachbargebieten, zum Beispiel der Finanztheorie. Die vorliegende Reihe soll Beiträge zur Bewältigung dieser Aufgaben liefern.

Die Kursbildung auf dem Devisenmarkt und die Devisenterminpolitik der Zentralbanken

Von **Manfred Neldner.** Groß-Oktav. Mit 16 Abbildungen und 6 Tabellen. 181 Seiten. 1970. Gebunden DM 44,–. ISBN 3 11 000860 2

Steuerbedarf und Geldpolitik in der wachsenden Wirtschaft

Von **Jürgen Pahlke.** Groß-Oktav. 154 Seiten. 1970. Gebunden DM 32,–. ISBN 3 11 000859 9

Die gegenwärtige Inflationstheorie und ihre Ansätze im Werk von Thomas Tooke

Von **Heinz Rieter.** Groß-Oktav. Etwa 304 Seiten. 1971. Gebunden etwa DM 48,–. ISBN 3 11 001958 2

Einkommensverteilung und Inflation in kurzfristiger Analyse

Von **Horst Georg Koblitz.** Groß-Oktav. Etwa 192 Seiten. 1971. Gebunden etwa DM 38,–. ISBN 3 11 001959 0

Wechselkurs und Leistungsbilanz

Von **Klaus-Dieter Jacob.** Groß-Oktav. Etwa 192 Seiten. 1971. Gebunden etwa DM 48,–. ISBN 3 11 003551 0

Walter de Gruyter · Berlin · New York

Kolibri 360 GmbH
Ferdinand-Jühlke-Straße 7
99095 Erfurt, Deutschland
produktsicherheit@kolibri360.de